丛书主编/陈 龙 杜志红

数字媒体艺术丛书

网络直播艺术导论

曾庆江/著

Introduction to the Art of Internet Webcast

苏州大学出版社
Soochow University Press

图书在版编目(CIP)数据

网络直播艺术导论 / 曾庆江著. — 苏州：苏州大学出版社, 2021.12
(数字媒体艺术丛书 / 陈龙, 杜志红主编)
ISBN 978-7-5672-3765-0

Ⅰ.①网… Ⅱ.①曾… Ⅲ.①网络营销 Ⅳ.
①F713.365.2

中国版本图书馆 CIP 数据核字(2021)第 240715 号

书　　名：	网络直播艺术导论 WANGLUO ZHIBO YISHU DAOLUN
著　　者：	曾庆江
责任编辑：	李寿春
助理编辑：	王玉琦
装帧设计：	吴　钰
出版发行：	苏州大学出版社（Soochow University Press）
社　　址：	苏州市十梓街1号　邮编：215006
网　　址：	www.sudapress.com
邮　　箱：	sdcbs@suda.edu.cn
印　　装：	苏州市深广印刷有限公司
邮购热线：	0512-67480030　销售热线：0512-67481020
网店地址：	https://szdxcbs.tmall.com/（天猫旗舰店）
开　　本：	787 mm×960 mm　1/16　印张：13　字数：199 千
版　　次：	2021 年 12 月第 1 版
印　　次：	2021 年 12 月第 1 次印刷
书　　号：	ISBN 978-7-5672-3765-0
定　　价：	45.00 元

凡购本社图书发现印装错误，请与本社联系调换。服务热线：0512-67481020

General preface 总序

人类社会实践产生经验与认知，对经验和认知的系统化反思产生新的知识。实践无休无止，则知识更新也应与时俱进。

自4G传输技术应用以来，视频的网络化传播取得了突破性进展，媒介融合及文化和社会的媒介化程度进一步加深，融媒体传播、短视频传播、网络视频直播，以及各种新影像技术的使用，让网络视听传播和数字媒体艺术的实践在影像领域得到极大拓展。与此同时，融媒体中心建设、电商直播带货、短视频购物等相关社会实践也亟需理论的指导，而相关的培训均缺乏系统化、高质量的教材。怎样认识这些传播现象和艺术现象？如何把握这纷繁复杂的数字媒体世界？如何以科学的系统化知识来指导实践？理论认知和实践指导的双重需求，都需要传媒学术研究予以积极的回应。

本套丛书的作者敏锐地捕捉到这种变化带来的挑战，认为只有投入系统的研究，才能革新原有的知识体系，提升教学和课程的前沿性与先进性，从而适应新形势下传媒人才培养的战略要求。

托马斯·库恩（Thomas Kuhn）在探讨科学技术的革命时使用"范式"概念来描述科技变化的模式或结构的演进，以及关于变革的认知方式的转变。他认为，每一次科学革命，其本质就是一次较大的新旧范式的转换。他把一个范式的形成要素总结为

"符号概括、模型和范例"。范式能够用来指导实践、发现谜题和危机、解决新的问题。在这个意义上，范式一改变，这世界本身也随之改变了。传播领域和媒体艺术领域的数字革命，带来了新的变化、范例和模型，促使我们改变对这些变革的认知模式，形成新的共识和观念，进行系统化、体系化的符号概括。在编写这套丛书时，各位作者致力于以新的观念来研究新的问题，努力描绘技术变革和传播艺术嬗变的逻辑与脉络，形成新的认知方式和符号概括。

为此，本套丛书力图呈现以下特点：

理论视角新。力求跳出传统影视和媒介传播的"再现""表征"等认知范式，以新的理论范式来思考网络直播、短视频等新型数字媒体的艺术特质，尽力做到道他人之所未道，言他人之所未言。

紧密贴合实践。以考察新型数字媒体的传播实践和创作实践为研究出发点，从实践中进行分析，从实践中提炼观点。

各有侧重，又互相呼应。从各个角度展开，有的侧重学理性探讨，有的侧重实战性指导，有的侧重综合性概述，有的侧重类型化细分，有的侧重技术性操作，理论与实践相结合的特色突出。

当然，由于丛书作者学识和才华的局限，加之时间仓促，丛书的实际成效或许与上述目标尚有一定距离。但是取乎其上，才能得乎其中。有高远的目标，才能明确努力的方向。希望通过将这种努力呈现，以就教于方家。

对于这套丛书的编写，苏州大学传媒学院给予了莫大的鼓励和支持，苏州大学出版社也提供了很多指导与帮助，特别是编辑们为此付出了极多。谨在此表示衷心的感谢！

"数字媒体艺术丛书"编委会

目录 Contents

开篇　无直播，不生活 / 001

第一章　网络直播概述 / 007

　　第一节　直播发展述略 / 008
　　第二节　当直播遇见网络 / 013
　　第三节　网络直播的价值 / 015
　　第四节　网络直播的基本特点 / 018

第二章　网络直播的行业类型 / 023

　　第一节　传统直播 / 024
　　第二节　泛娱乐直播 / 028
　　第三节　专业直播 / 034
　　第四节　带货直播 / 039

第三章　网络直播的艺术属性 / 051

　　第一节　当艺术遇见网络直播 / 052
　　第二节　网络直播的内容艺术 / 057

第三节　网络直播的形式艺术 / 062

第四节　网络直播的效果艺术 / 066

第四章　网络直播的商业属性 / 069

第一节　网络直播的吸粉模式 / 070

第二节　网络直播的广告植入 / 075

第三节　网络直播的游戏体验 / 080

第四节　网络直播的带货销售 / 083

第五章　网络直播的艺术技巧 / 089

第一节　打造人气网络主播 / 090

第二节　直播间的设置艺术 / 094

第三节　直播中的造势艺术 / 098

第四节　直播中的引流艺术 / 102

第六章　网络直播的规范管理 / 107

第一节　直播平台的自我管理 / 108

第二节　直播行业的行业规范 / 112

第三节　直播行业的法律管理 / 116

第七章　网络直播案例解析 / 125

第一节　YY直播 / 126

第二节　斗鱼直播 / 136

第三节　淘宝电商直播 / 143

第四节　映客直播 / 149

结语　网络直播的未来前景 / 155

参考文献 / 158

附录 / 160

后记 / 194

开 篇
无直播，不生活

2016年被人们称为"中国网络直播元年",这在某种程度上意味着我们进入了新的历史时代——网络直播时代。

经过2016年的急速扩张、2017年的调整重塑、2018年的融合发展之后,网络直播作为新媒体环境下的重要现象,已经全面介入乃至融入大众日常生活,2020年更有"全民直播元年"的说法。

2021年2月,中国互联网络信息中心(CNNIC)发布了第47次《中国互联网络发展状况统计报告》,用翔实的数据展示了我国互联网发展的基本状况。报告显示,截至2020年12月,我国网民规模达9.89亿人,互联网普及率达70.4%(图1)。网民中使用手机上网的比例达99.7%(图2)。同时,我国网络支付用户规模达8.54亿人,其中手机网络支付用户规模达8.53亿人。

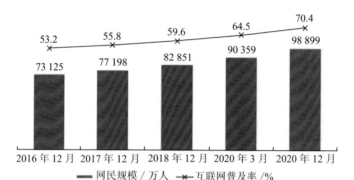

图1 网民规模和互联网普及率
(资料来源:中国互联网络发展状况统计报告)

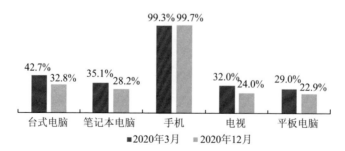

图2 互联网络接入设备使用情况
(资料来源:中国互联网络发展状况统计报告)

第47次《中国互联网络发展状况统计报告》显示,截至2020年12月,我国网络视频(含短视频)用户规模达9.27亿人,其中短视频用户规模达8.73亿人,占网民整体的88.3%。网络直播用户规模达6.17亿人,占网民整体的62.4%(图3);其中电商直播用户规模为3.88亿人,占网民整体的39.2%;游戏直播用户规模为1.91亿人,占网民整体的19.3%;真人秀直播的用户规模为2.39亿人,占网民整体的24.2%;演唱会直播的用户规模为1.9亿人,占网民整体的19.2%;体育直播的用户规模为1.38亿人,占网民整体的13.9%。

图3 网络直播用户规模及使用率
(资料来源:中国互联网络发展状况统计报告)

网络直播已经全面介入生活的方方面面,可谓是直播改变生活。无直播,不生活。或许我们会想起哈罗德·伊尼斯在《传播的偏向》中的一句话:"一种新媒介的出现,将导致一种新文明的产生。"① 网络直播给人类带来了什么呢?

当下,网络直播已不仅是年轻人展现自身才华、实现个人价值的平台,它还通过整合各种资源、发挥传播优势,在文化、旅游、教育、扶贫、销售等各个领域发挥着积极作用。"直播+"是大势所趋,它体现在大众生活乃至社会经济的方方面面,可以说直播已经成为日常化的行为。我们已经很难想象没有网络直播,人类社会将会是什么样的场景。网络直播

---

① 哈罗德·伊尼斯. 传播的偏向 [M]. 何道宽,译. 北京:中国人民大学出版社,2003:27.

已经成为当今社会最为活色生香的新形态。

对于个人来说，网络直播可以引导我们的购物消费，也可以引领我们的生活时尚，更可以增强我们的专业技能；可以促进情感交流、释放自我压力，甚至还可以成为展示才艺和成就梦想的舞台。对于企业来说，网络直播可以助推产品销售，也可以提升企业品牌知名度，甚至还可以作为危机公关的重要手段。各种大型的公益活动或者体育比赛可以通过网络直播获取更多的受众，在互动中增强传播效果，扩大社会影响，进而打造网络经济。

互联网的快速发展催生了网络直播，而移动互联网的发展更是使短视频直播成为大众社会和日常生活的常态。随着网络技术、硬件设备、流量资费等各方面的成熟，以及大众网络素养的进一步提升，网络直播在未来还将得到快速发展，成为时尚生活的重要代表。

网络直播具有低门槛化的特点，只要拥有一部智能手机，似乎人人皆可为之，而且一切内容都可以进入直播行列。但是，这种理解过于"简单而粗暴"，对网络直播的行业发展是极为不利的。从形式上讲，网络直播的确门槛较低，但是真正要把网络直播做好不是一件容易的事情。有的网络直播在最初因为新奇性等原因，令主播爆火成为"网红"，却昙花一现，难以持久，这使得不少人认为网络直播在本质上就是"短命"的。事实上，如果能够把握网络直播的本质特征并注意相关细节，是可以让其持续发展的。正是基于此，我们将网络直播定位于艺术，在充分把握其社会属性的基础上，从各个方面对其进行艺术性解读，以期推动这一新行业、新现象、新形态健康而持续地发展。

诚然，网络直播在发展过程中因为各种原因显现出一些问题，甚至受到业界和学界相应的批评，面对相应问题，我们不能裹足不前。从艺术的角度来审视它，并不是为了努力拔高其社会属性或者经济属性，更不是对其社会属性和经济属性视而不见，而是为了正视其发展中的相关问题，从而推动其良性发展。从艺术的角度对网络直播进行审视，可以使得网络直播的定位更加精准，设计更加合理，内容更加丰富，效果更加显著。从本质上讲，网络直播就应该是一门艺术。网络直播的艺术性，不仅是指其在各方面所体现的艺术范儿，还是指其中的技巧、方法。

只有把握艺术性，才能更好地坚守网络直播的阵地；只有把握艺术性，才能使得网络直播成为移动互联网时代新的创业风口。随着科学技术的发展，网络直播行业还将更上一层楼，而它的艺术范儿一定更为充足，艺术技巧一定更为丰富，你我准备好了吗？

第一章
网络直播概述

网络直播是一个新生事物,是伴随着网络技术的推进而发展起来的。直播却有一定的历史。从最开始的广播直播到后来的电视直播,从文字直播到图片直播再到今天的全媒体直播,直播形式越来越丰富,直播内容越来越多样化,这些都为网络直播的发展奠定了坚实的基础。随着时代的发展,网络直播也必将以更加丰富、更加完备的形态呈现在大众面前。

第一节　直播发展述略

直播的英文为 live,作为一种媒介表现形态,最开始是指广播电视节目的播出方式。随着传媒形态的多样化,直播逐步从广播电视直播发展到网络直播,从定点直播走向移动直播,从室内直播走向户外直播,并开始全面介入社会和生活的方方面面。根据传媒发展历程,我们可以把直播分为传统媒体时代的直播、网络时代的直播、移动互联网时代的直播等几个阶段或者类型。

一、传统媒体时代的直播

直播,顾名思义就是直接播出,是人与人之间实时交流和互动的一种方式,目的就是满足大众的社交需求,可以说是伴随着人类的生活而存在。比如古代的艺人在"勾栏瓦肆"进行才艺和评书表演,靠客人(消费者)打赏、送礼物等来获取报酬,这可谓最原始的直播。近现代,一些艺人在江湖上展示才艺,以大众打赏作为谋生手段,这也是一种直播。但是,这种原始形态的直播尚没有和大众传媒"联姻"。

直播作为一种表现手段和大众媒体结合在一起,最开始和广播电视有关,因此属于传统媒体时代的产物。

广播电视节目是从直播到录播再走向直播的,在技术支撑下呈螺旋式发展。所谓录播,就是按照既定的策划方案和制作要求,通过一定的技术手段将节目制作录制(录音和录像)完毕,然后在相应的时间播出。录播在一定程度上保证了节目质量,同时便于保存节目资料。录播需要相应的时间，因此时效性相对较弱；需要提前录制，因此现场感相对较弱。所谓直播，是指广播电视媒体不经过事先录音或者录像，直接在现场或者演播室播出节目。直播可以增强节目播报的时效性，并增强感染力。但是不少直播节目因为时间仓促而失之粗糙，同时直播节目的质量把关也有相当的难度。

从录播到直播是以技术为支撑的，但是在特定的历史阶段，直播却是不得已而为之的行为。比如，我国历史上的第一部电视剧《一口菜饼子》就是以直播的形式进行的。对于当今的很多电视观众来说，这种现场演播的电视剧简直是一个"传说"。之所以如此，是因为我国当时还没有录像设备，只能让演员在演播室以现场直播的形式进行表演。从原始形态上的直播走向录播，是技术推进的产物。

从录播到直播是一个质的飞跃，也是播出质量提升的重要标志，更是广播电视节目发展的基本趋势，但是我们也不能就此完全肯定直播而否定录播。事实上，录播和直播各有优劣点，我们应当把握"录播节目直播化，直播节目录播化"的基本原则。所谓"录播节目直播化"，是指在录播节目时，需要充分考虑到节目现场的互动等各种因素，以尽可能加强节目的感染力。"直播节目录播化"则是指直播节目应当像录播节目一样事先做好精心准备，从而尽可能提升节目的质量。

20 世纪 80 年代中期，随着"珠江模式"的推广，广播直播成为一种重要形态在全国很多电台推广。90 年代以来，电视直播逐渐成为常态。1997 年被称为"中国电视直播年"，邓小平同志逝世、日全食与彗星同现天象奇观、香港回归、中共十五大开幕式、江泽民主席访美、长江三峡截流等，都进行了成功的现场直播。此后，电视直播在我国得到更加迅速的发展。时至今日，对大型活动进行现场直播已经成为常态，而且多为广播和电视同步直播。

电视直播可以分为演播室直播和现场直播两种。演播室直播是指直接将播出信号切入演播室，由主持人以及相关人员直接进行节目播出。这对主持人以及相关人员提出了较高的要求（"主持人"这一概念在我国是从 20 世纪 90 年代以来才开始逐步使用的，以前更多称为"播音员"）。目前我国从中央到地方媒体的电视新闻基本上都是采用演播室直播的方式进行播报。现场直播则是直接将播出信号切入事件现场，将事件发生时间、电视播出时间以及受众接收时间的延迟降到可忽略不计的程度，极大地满足了"第一时间，第一现场，第一需求"的时效性要求。现场直播主要针对的是各种大型活动或者重要事件。但是，现场直播具有相当的不可控性，因此电视媒体在直播节目中一般都采用了延时技术，而且将演播室直播和现场直播结合起来。这种直播既有现在时，也有过去时，极大地拓展了时空，也保证了播出质量。

二、网络时代的直播

网络作为人类发展史上的"第四媒体"，彻底改变了人类传统的时间和空间感受，真正体现了麦克卢汉所说的"人的延伸"。当网络和直播联系在一起时，直播在某种程度上成为一种常态。相比报纸、广播、电视等传统媒体而言，网络将信息的时效性从"及时性"提升到"实时性"再到"全时性"，而这正与直播的本质相谐。

网络时代的直播大致经历了三个阶段的发展。

其一是借助网络平台来收听收看传统意义上的广播电视直播，这相当于网络广播或者网络电视。从这个意义上讲，网络直播和传统直播没有本质区别，只不过接收终端发生了变化（从传统的广播电视接收装备转变为网络装备）。但是，限于网速等原因，这种网络直播和传统广播电视直播相比并没有体现本质性的优势。

其二是借助网络平台开展各种图片直播、文字直播等，即所谓图文直播。由于音频直播、视频直播本质上是依托传统的广播电视，限于版权和技术等一系列因素，网络自主性直播最开始都是以文字或者图片的形式来展现实时动态。图文直播是对音频直播、视频直播的有益补充，其形式多样，极大地满足了不同受众的信息需求。

其三是通过现场架设独立的信号采集设备（音频+视频+图片等设备）导入到导播端，再通过网络上传到服务器。受众可以通过相应网址进行实时在线收看。这种网络直播同传统的广播电视除了在模式上具有相当的重合之处外，在相关内容选取和接收时间上具有自主性，可以涉及社会生活的方方面面。我们强调的"无直播，不生活"就是基于这一层面来说的。

最开始的网络直播多由门户网站主导，比如在21世纪初以来，以新浪、搜狐、网易、腾讯为代表的四大门户网站，先是接入广播电视直播信号并导入自己的播出平台，随后推出图文直播，再到后面推出一系列自主性直播行为和内容。随着网络的发展，直播变得越来越多样化，越来越个体化，现实生活中的很多方面都可以通过直播加以展示，同时作为个体的任何人都可以通过相应的平台进行自主性直播，这在很大程度上推动了网络直播的发展。

网络直播吸取和延续了网络的优势，利用视听呈现的方式进行网络现场直播，可以将产品展示、相关会议、背景介绍、方案测评、网上调查、对话访谈、在线培训等内容发布到网络上，利用网络直播的直观快速、表现形式多样、内容丰富、交互性强、地域不受限制、受众可细分等特点，加强活动现场的推广效果。现场直播完成后，相应的平台还可以随时为受众继续提供重播、点播服务，有效拓展了直播的时间和空间，发挥了直播内容的最大效果和价值，同时也极大拓展了人类的生活空间，这正是对麦克卢汉"人的延伸"的深刻诠释。

可以说，正因为网络直播具有很多传统直播不具备的优势，所以在短时间内得到迅猛发展。时至今日，人们所说的直播已经差不多等同于网络直播了。

三、移动互联网时代的直播

移动互联网时代的直播本质上仍然属于网络直播，但是在人类进入移动互联网时代后，直播无疑有一个本质性的提升。如果说一般意义上的网络直播属于直播1.0时代，那么移动互联网时代的直播则属于直播2.0时代。随着网络技术的发展和网络终端的逐渐丰富，网络直播还将进入3.0时代、4.0时代……

移动互联网时代的直播和一般意义上的网络直播相比，在技术上更进一层，也就是从内容传播到内容接收都是通过移动终端得以完成的。随着经济文化的发展，我国网络市场规模快速扩大，网民数量急剧增长，这给网络直播提供了重要前提和保障。尤其是智能手机的普及，4G乃至5G技术的推广，使得移动互联网直播成为可能并迅猛发展。在移动互联网时代，直播成为随时随地、任何人都可以进行的活动，真正体现了"无直播，不生活"的盛况。

一方面，如雨后春笋般涌现的各种移动互联网平台为网络直播提供了巨大的舞台。目前有很多移动互联网平台专门以直播为主打业务，比如龙珠直播、虎牙直播、斗鱼、小红书、六间房直播、西瓜视频、抖音、抖音火山版、bilibili、快手、一直播、花椒直播、MOMO陌陌、映客直播、探探等。这些直播平台在内容上各有侧重，共同瓜分着强劲的直播市场。当然，由于市场竞争激烈，再加上直播技术发展迅猛，大浪淘沙之下，一些直播平台很快淡出大众视线，而另外一些新的直播平台又成为大众新宠，真正体现出"各领风骚三五月"的快节奏性。

另一方面，移动互联网的快速发展，让人们认识到它巨大的社会影响力和投资回报率，这是大众积极介入直播的重要原因。也就是说，好的直播极有可能产生可观的社会效益，也有可能产生巨大的经济效益。网络直播使得一些"草根"在一夜之间成为熠熠闪光的"网红"，让人感受到"越努力越幸运"；使得一些商品成为大众争相抢购的"时髦货"，在产品销售和大众消费之间构建起良性互动关系；使得名不见经传的小地方成为"驴友"们前往打卡的重要目的地，在客观上推动了当地旅游经济的发展；也使得大众社交增加了新平台，在缓解大众焦虑情绪、实现有效社交方面发挥了重要作用……

当然，对网络直播带来的一些负面影响，我们也需要理性看待。在网络直播发展过程中，有些网络平台或者互联网企业为了经济利益，屡屡有些打政策法规的"擦边球"甚至违规违法的举动。这些都是需要格外注意的。我们之所以从艺术的角度来审视网络直播，就是希望在规避相关问题的同时，尽可能增强网络直播的艺术性，从而推动这一行业的良性发展。

第二节　当直播遇见网络

直播伴随着广播电视而来，在网络时代得到更为迅猛的发展。当直播遇见网络时，其面貌就焕然一新了。

一、网络扩大直播的对象范围

在网络介入直播之前，直播还只是广播电视的专利。此外，由于电视的图文并茂、声画并重的特性，在某种意义上说，大众眼中的直播实际上就是电视直播。限于技术成本和人力成本，电视直播的内容最开始一般仅限于重大事件，或者是重要政务活动，如每年全国"两会"后的总理记者见面会，或者是突发公共事件，如5·12汶川地震，或者是涉及公共利益或者公众兴趣的大事，如青藏铁路开通、央视春晚等。随着时代的发展，不少新闻类节目在各大电视媒体开始以直播的形式进行。

网络介入直播后，使得直播的门槛大大降低，每个人都可以成为直播主体，能够按照自己的意愿随时随地进行直播，在真正意义上实现了"无远弗届"的梦想。在当今直播大家庭中，我们可以看到老中青三代同堂的"全家福"。只要你愿意，随时都可以成为网络主播，说不准还能过一把"网红"的瘾呢。

网络介入直播后，使得直播的范围更加宽泛，现实生活的一切都可以成为直播对象。各种直播内容应有尽有，比如有娱乐直播、游戏直播、电商直播、艺术直播、教学直播等。如果说，直播最开始是属于"泛娱乐"范畴的话，如今已经从"泛娱乐"走向"泛生活"，似乎生活中的一切都可以通过直播予以呈现。

二、网络开拓直播的经济属性

网络介入直播后，使得直播容纳了更多的内容和形式，也将天下网民"一网打尽"。这种超高的人气，在强化直播的社会属性的同时，进一步强化了其经济属性,由此形成蔚为大观的"直播经济"。

网络直播之所以能够强化直播的经济属性,从而成就网络直播经济,本质上在于它"直播+营销"的基本模式。网络直播作为新的经济形态,是网络直播技术、社会消费潮流以及消费者个人价值觉醒等一系列动因相结合的产物。

网络直播经济可以分为线上经济和线下经济两种。网络直播的线上经济,主要是指在超高人气和粉丝数量基础上,通过接拍各大企业、电商的赞助、广告,以及粉丝打赏、带货销售等各种方式产生经济效益。不同类型的直播的线上变现的方式有所不同,因人而异,因时而异。网络直播的线下经济主要是指网络直播带动现实生活中相关产业的发展。在网络直播时代,线上经济和线下经济是不可完全分开的,甚至可以说,线上经济和线下经济往往融为一体,这才是网络直播经济属性的最明显体现。

三、网络提升直播的质量水准

直播的要义是"第一时间,第一现场,第一需求",随时随地,任何人都可以就任何内容进行网络直播。网络在很大程度上提升了直播的质量水准,可以说,自从网络介入直播后,直播再想回到先前传统媒体时代的状态已经基本上不可能了。

网络直播体现了直播的"第一时间,第一现场,第一需求"。尽管直播的出现大大提升了传播的时效性,即从先前播报的"及时性"提升到"即时性",但是受制于技术以及人力与物力成本,在传统媒体时代直播仅限于重大事件的播报。网络直播的低门槛化以及相对较低的技术成本,极大地满足了大众对"第一时间,第一现场,第一需求"的追求。网络的普及性是直播质量的重要保障。

网络直播在本质上属于内容的"私人定制",具有鲜明的精准化特点,因此在传播的内容和形式上具有明显的针对性,其传播效果也更强,质量也能得到较好保证。比如,游戏直播更强调游戏的体验性,带货直播更关注产品的质量、功能和价格,才艺直播更注重与观众的互动……可以说,在网络直播时代，我们每个人都可以拥有一个属于自己的直播空间，那里有自己喜欢的主播、自己喜欢的内容，更有自己喜欢的形式。

第三节 网络直播的价值

网络直播之所以在近几年发展迅猛，四处"跑马圈地"的同时获得大众热捧，就在于其蕴含的各种价值。只有充分把握网络直播的价值，我们才能对其更好定位，从而推动其良性发展。

一、网络直播的个体价值

对于个人来说，网络直播为每个个体提供了展示自我的平台及彰显个体价值的机会。

网络直播作为一种体现参与式文化的社会媒介，在传播资源盈余的时代，具有全民参与性、场景丰富性、场景互动性和即时性，打破了传统场景建构模式而形成场景混合化，缩短了场景距离，实现了场景信息共享，促进了场景交往行为"无地域"，体现了参与式传播和场景式传播的特点。这些特征让网络直播满足了新媒体时代受众的社会心理需要，因而吸引了大批用户。① 从这个层面上看，网络直播在很大程度上实现了个体价值。

根据网络直播用户的心理特点，我们可以将用户需求归纳为休闲娱乐需求、低卷入陪伴需求、认同和归属感需求、社交需求、认知需求等五种情况。可以说，正是因为有这五种需求，个体才完成自我释放，实现自我价值。

休闲娱乐是大众选择观看网络直播的主要原因。现代社会快节奏、高强度的工作和生活，使适时和适当的休闲娱乐成为调节身心健康的必需品。直播的便捷性、互动性，以及内容的丰富性，为大众休闲娱乐提供了

---

① 何祎金. 网络直播：要"颜值"更要价值 [N]. 光明日报，2019-04-13 (13).

多样化的选择。同时,直播用户可以随时随地打开应用软件成为观看者,这种"入乎其内出乎其外"式的、碎片化低卷入的陪伴体验,在不影响日常工作和生活的同时,能够更好地满足大众需求。

直播的实时性与参与性也使个体价值得到认同。观看者数量的动态显示、弹幕等功能,以及发送表情符号、虚拟礼物与主播进行互动,给予了用户参与感和在场感。在观看直播的过程中,用户和主播、用户和用户之间的参与互动促成了群体认同的生成。这种体验可以满足用户在社会互动、认同和归属感方面的需求。

网络直播涉及日常生活乃至专业领域的方方面面,可满足不同用户的不同需求。母婴、美妆、料理、健身、语言学习、旅游攻略、电脑软硬件评测等应有尽有,这使得直播平台像一个搜索引擎,为有不同知识结构和背景的用户提供了直观而便捷的学习体验。

网络直播的低门槛,使其具有鲜明的草根性,为所有人提供了展示自我的平台、传播信息的机会,打破了传统工业化社会通过现代化的教育体系和社会身份制度形成的社会区隔,提升了普通民众对社会现实的预期,体现了社会的公平性。

二、网络直播的社会价值

网络直播作为一种依托网络技术和社会文化的新现象,具有鲜明的社会价值,这也是它蔚然成风的根源。

网络直播的社会价值在于它创造了新的网络文化景观。这可以从以下几个方面来理解。其一,网络技术的发展使得网络直播人人皆可为之,给大众参与文化创造提供了机会,直播不再是少部分人的专利。同时,围绕直播进行的观看、点赞、评论等互动行为,形成了直播平台多元的文化景观。其二,网络直播催生了不少新潮文化,并不断被大众接纳认可,从而成为大众文化的一部分。其三,网络直播给大众创造了新的文化方式和生活方式,并由线上逐步延伸到线下,是对社会转型中大众文化和生活的丰富与补充。

网络直播的社会价值在于它推动了各种知识的传播和交流。随着经济文化的发展，人类逐步进入"浅阅读"时代，网络直播成为人们获取知识的重要平台。由于网络直播涉及的内容非常丰富，不少直播平台已然成为一个搜索平台，给大众提供了各种各样的知识获取渠道，而且表现形式灵活多样。比如，在 2020 年春季我国新冠肺炎疫情非常严峻的时刻，各种直播平台给大众普及了不少防疫知识。同时，直播也是各种知识交流的多元平台。网络直播的发展吸引了不少知识精英的加盟，这使得直播平台成为精英文化和大众文化交汇的重要平台。

网络直播的社会价值在于它推动了社会的交融发展。大众传媒作为强有力的中介机构，发挥着日益重要的社会整合作用。网络直播进一步放大了大众传媒的大众性特征，不但形式多样，还有着深厚的群众基础，这使得它成为社会整合的最佳工具之一。网络直播有个人情感的宣泄，有各种观点的争鸣，更有价值观的引导，这在一定程度上将一些社会问题消解于"无形"，对社会的整合和稳定有着积极的作用。

三、网络直播的经济价值

网络技术的发展以及价格成本的逐年降低，使得网民数量急速增长，与网络相关的产业也得到快速发展，从而形成具有相当规模的网络产业。网络直播是网络产业快速发展的产物，有着明显的经济价值，这就是为人所称道的"直播经济"。

对于网络直播来说，无论是线上还是线下，它都可以带来可观的经济效益。经济价值的急速扩张，是网络直播发展的基本前提和保障。国家统计局和艾媒数据中心联合发布的"2015—2019 年中国网上零售总额与居民消费支出总额及其比例"（图 1-1）显示，网上零售额每年都有较大幅度增长，占居民消费支出的比例也逐年上涨。网络直播成为零售产品新的重要推广渠道，而 2020 年作为特殊的年份，更是进一步放大了网络直播的经济效益，使得社会各界对网络直播的经济价值充满期待。

图1-1 2015—2019年中国网上零售总额与居民消费支出总额及其比例
（资料来源：国家统计局、艾媒数据中心）

网络直播不仅推动了线上经济发展，同时还带动了线下各种行业的蓬勃发展。在网络直播的推动下，线上线下经济相互促进并逐步形成一体化格局，这也是未来直播经济的发展趋势。

网络直播改变了大众的消费习惯，是"消费社会"最亮丽的颜色。同时，网络直播推动了相关产业的转型升级，也是实体经济发展的助推器。这是我们对网络直播经济价值的基本认知。

第四节 网络直播的基本特点

网络直播作为一种新型的传播方式，将引领媒体信息传播与互联网应用向更高、更深层次发展。它受到大众的热烈追捧是因为它具有诸多先前传播方式所不具备的优势和特点。

一、内容的丰富性

网络直播之所以受众人的追捧并得到快速发展，首先就在于其内容的丰富性，涉及工作和生活的方方面面。可以说，只要在法律法规允许的范围内，一切都可以进入直播平台进行传播并开展相应的互动交流，这也是我们所说的"无直播，不生活"。

从当前网络直播的发展来看，其内容大致可以分为泛娱乐直播、游戏类直播、电商类直播、课程类直播、公益类直播、混合类直播等。不同内容的网络直播有着不同的聚合点，涉及不同的行业，也满足不同的用户需求。比如，泛娱乐直播的定位是青春和时尚，以IP（Intellectual Property，知识产权）为核心展开跨领域和多平台的商业运作；游戏类直播是以游戏体验和交流为主；课程类直播以各种定位精准的课程为主要内容，采用线上方式进行内容讲授；公益类直播涉及现实生活的公益事业、公益话题等；混合类直播的行业界限相对模糊，涉及面相对较为宽泛。

网络直播内容的丰富性折射出两点：对于大众来说，他们各取所需，可以通过不同的直播平台满足不同的需求，这也是网络直播得到快速发展的根本原因之一；对于直播主体而言，他们应当结合直播内容以及用户特点，选取不同的形式和定位，实现精准传播，从而增强直播效果。

二、形式的多样化

网络直播的本质自然是直播，但是这并不意味着它在形式上千篇一律。事实上，网络直播的发展过程中先后出现了多种多样的形式。也正因为形式多样，直播才更具有活力。

根据不同的分类标准，网络直播有不同的表现形式。

从直播的空间呈现上看，网络直播可以分为室内直播和户外直播，也可以分为定点直播和移动直播。室内直播往往对室内布景有一定的要求，户外直播则需要考虑直播内容和周边景致是否搭配。定点直播是指摄像机位固定，参与直播的人员在镜头面前进行表演和呈现的表现形式；移动直播则是摄像机根据需要不断移动，从而实现景别移动和直播相结合的表现形式。

从直播的内容呈现上看，网络直播可以分为解说型、展示型、互动型等多种形式，可以根据直播的内容和受众特点进行相应形式的选择。同时，一场直播往往是把多种形式糅合在一起呈现。即使是进行广告传播，网络直播也体现出多种形式，有"直播+试用体验""直播+广告隐性植入""直播+主题活动""直播+企业主访谈"等多种模式。

从直播的主体类型上看，网络直播可以大致分为"网红"和明星直播、"素人"直播、企业和品牌直播。这三种直播主体实际上形成三种力量、三种模式，分别对应不同的接受主体，在某种程度上各有其"势力范围"。

从直播的赢利方式来看，网络直播的形式也体现多样化，有的平台是依靠主播的知名度和个人魅力以及内容的吸引力等来获得用户的打赏，有的平台是依靠各种广告植入带来相应的收益，有的平台则是采用带货销售的方式，通过将粉丝经济转化为购买力来实现相应商品的销售从而赢利。

三、功能的多样化

网络直播之所以发展迅猛，根本原因是它能够满足受众的多样化需求，体现出多样化的功能。

网络直播可以是才艺展示的舞台。网络直播之所以异常火爆，其中一个重要原因就是大家通过网络直播可以找到一个适合自我表达的出口或者方式。先前，由于自身定位以及平台资源有限，只有少数人能通过大众媒体进行自我展示。网络直播的开放性使得每个人都可以通过直播平台进行自我才艺展示，并且得到相应的回报。网络直播更具有草根性，因此成就了不少草根网络达人。这在一定程度上刺激着更多的草根加入其中，从而进一步夯实了网络直播的大众基础。

网络直播可以是自我推广的平台。当前，不少名人加盟直播平台，很多知名企业也参与直播活动，实际上都是看中网络直播的自我推广功能。名人和知名企业加盟网络直播，是为了提高他们的知名度和美誉度。而一些"名不见经传"的人物也通过网络直播推广变成网络达人。如今，我们需要走出"酒香不怕巷子深"的传统思维，借助新的传播手段进行推广是应有之义。当然，进行推广一定是建构在具备相应的实力和底气的基础之上，夸夸其谈的自我推广在短时间内可能也有一定的效果，但是时间长了逃不过网民的"火眼金睛"。

网络直播可以是知识传播的平台。通过网络直播进行才艺展示体现了典型的"传播思维"，而大众观看网络直播更多的还是各取所需，获得自己想要的各种知识，这才是网络直播蔚为大观的根本所在。网络主播搭建的正是这样一个供大众学习和交流的平台。在这个过程中，主播就是组织者、服务者，他们身上的耀眼的光环可以吸引更多的网民和粉丝前来"打卡"，从而增强相关知识的传播效果。比如，直播间虽然是为了销售化妆品，但是也向大众普及了化妆、美容方面的相关知识、技巧，完成了知识传播。网络直播在一定程度上改变了大众学习知识、接受知识的方式。视听双通道的学习方式可能更适合年轻一代。

网络直播可以是情感交流的平台。网络直播作为一种新兴的网络社交方式，其最开始的功能定位就是社交平台。所谓社交平台，就是供大家相互交流和加深感情的场所，大多数网络直播平台也是按这样的轨迹逐步发展而来的。比如腾讯微视、秒拍等早期的网络直播平台就是以交流、分享为主要目的。YY、斗鱼等直播平台实施"直播+快乐"的泛娱乐战略，很快就在直播江湖"攻城略地"，本质上也是在于抓住了大众情感交流的需求。网络直播顺应时代潮流，是社交媒体发展的必然产物，一方面是因为在新的社会环境下大众的社交需求被进一步发掘出来，另一方面是因为人们对深入社交也提出更高的要求，先前的点对点式的社交模式已不能满足大众需求。哪怕是现在非常火爆的带货直播，如果没有情感交流、情感认同作为基础，也是难以持久的。

网络直播还可以是产品销售的平台。网络直播助推产品销售无疑是对其经济属性的进一步开掘。网络直播在积聚一定的人气之后，可以利用直播平台推介、销售相应的产品，目前非常红火的带货直播就是典型代表。在直播平台，主播通过文字、声音、图像相结合的方式全方位地展现相关产品，再加上具有煽动性或者悲悯性的语言，极易使广大消费者产生不小的冲动，从而完成消费行为。同时，由于当前大众生活方式和消费方式发生很大变化，网络行为成为很多中青年的生活时尚，网络消费成为消费模式新常态，这无疑给网络直播的带货销售带来前所未有的机遇。2020年突如其来的新冠肺炎疫情，更是放大了"带货经济"，彰显了网络直播进行产品销售的巨大潜力。

四、体验的真切性

网络直播之所以得到快速发展,还因为它给广大网民带来体验的真切性。

首先,网络直播满足了大众"眼见为实"的心理需求。随着互联网的快速发展,各种垃圾信息、冗余信息乃至虚假信息越来越多,这些信息良莠不齐,严重干扰了大众接受新事物、学习新知识的通畅性,甚至还可能造成严重后果。网络直播的即时性极大地满足了大众"眼见为实"的求真心理,有着体验的真切性,相关虚假信息也的确少了很多。

其次,网络直播的互动分享性满足了大众的心理诉求。网络直播所具有的社交功能,使得互动性、分享性成为其显著特征。互动分享容易让网友形成各种各样的社交圈子,他们之间的互动交流满足了人们的心理诉求。大多数网民在互动分享时纯粹从个人喜好出发,没有明显的目的性,因此更能够获得他人的认同,从而夯实体验真切性的基础。

最后,网络直播的时尚性增强了广大网民的情感认同。与其他网络媒体相比,网络直播在受众定位上呈现出年轻化(图1-2)、城市化等特征,具有明显的时尚性,比如涉及文娱、旅游、影视、饮食、美妆等相对软性的时尚性内容,而且会根据网民的诉求不断推出新知识、新产品,体现出强烈的与时俱进色彩,因此更能够获得广大网民的情感认同。

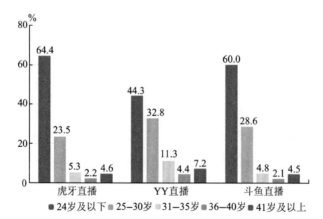

图1-2 2020年中国主要网络直播平台用户年龄分布
(资料来源:中国网络视听组织服务协会)

第二章
网络直播的行业类型

网络直播在发展过程中，呈现出内容和类型的多样化，涉及大众日常生活的方方面面和各行各业，而且与传统直播对接起来。当然，不同的行业类型直播有着不同的要求。要想做好网络直播，必然要深入把握其基本行业类型，针对其特点对症下药。

第一节　传统直播

从本质上讲，直播并不是一个新鲜事物，它在广播电视行业里已经被娴熟使用，并发挥着不可替代的作用。但是受制于技术条件和大众基础，传统直播一直被视为高端技术，使用频次和场合相对有限，"轻易"不可示人，可谓"养在深闺人未识"。即便随着技术的逐渐普及，传统直播依然是少数人的专利，大众只能担当一个"围观者"的角色。同时，我们还需要认识到，即便网络直播发展非常迅猛，这也不意味着传统意义上的直播就淡出大众视线。相反，传统直播对当前的网络直播有着很大的启迪作用。传统直播伴随着网络的发展在网络上呈现，应当属于广泛意义上的网络直播。

一、传统直播启发网络直播

传统直播是广播电视理念和技术发展到一定阶段的产物。麦克卢汉曾经在他的传世名作《理解媒介——论人的延伸》中提出"地球村"的概念。事实上，"地球村"的成立，在一定程度上就是广播电视直播给人类带来的极大福利。当世界上任何地方发生重大事件的时候，直播技术可以让全世界的人们在同一时间共同关注这一事件的进程。比如 1969 年"阿波罗计划"中，美国宇航员尼尔·阿姆斯特朗成功踏上月球，并道出一句后来被人们奉为经典的话："这只是一个人的一小步，但却是整个人类的一大步。"美国国家航空航天局（NASA）动了很多脑筋，提前做了很多技术开发和储备，最终通过电视直播的方式向全世界展现了成功登月的过程。当时全世界约有 6 亿人观看了这场直播。直播让大众真正见识了大众媒体的威力和魅力。

随着时代的发展，在大事件、突发性事件中，广播电视直播已经成为常态和"标配"（图 2-1）。大型活动看直播、突发事件看直播、重要事件看直播，已经成为大众生活常识。

广播电视直播具有三大特点。其一，稳定性。尽管直播

图 2-1　广播电视直播拍摄现场

面临着不可控的风险性，但是大多数直播事先都可以预知题材，在进行直播之前尽可能地做好各项准备工作，从而达到"直播节目录播化"的效果。尽管对于突发事件进行现场直播具有更大的不可控性，但是由于日常直播经验的积累，加上采用"现场直播+演播室直播"的方式，总体上风险可控。其二，快捷性。这是直播节目最本质性的特征。对于信息播报来说，人类对时效性的追求可以说是无止境的，直播将采访报道、制作编辑、播出接收三位一体化，将时间差压缩到可以忽略不计的极致状态，直播就是时效性的最强体现。其三，真实性。大众在直播中看到的是第一手材料，减少了信息在多次传播过程中不可避免的衰减以及主观性介入。同时，记者在现场的看、听、说，能给大众带来很强的代入感。对于大众来说，直播保证了最大程度的真实性。

网络直播在很大程度上是对传统直播特点的继承和发展。可以说，没有先前广播电视直播的各种探索，就没有当前蔚为大观的网络直播。大众认可网络直播的原因，首先在于它带来的真实体验感，其次是方便快捷性，此外还有更为灵活的人际互动，极大地满足大众的信息需求、社交需求和情感需求。

二、网络推动传统直播发展

随着网络技术的发展和普及，人类进入网络时代之后，传统媒体受到极大的冲击，即便是代表着最先进、最时尚媒体的广播电视直播也是如

此。网络媒体的冲击，使得传统直播面临着极大的挑战，尤其是在移动终端成为传播主渠道，网络直播无处不在的今天，其形势更加严峻。尽管如此，传统直播并没有淡出大众视线，这是因为广播电视直播秉承传统媒体公信力，在发展自身的同时，也不断吸纳网络媒体的优长，从而推动自己的转型升级。可以说，正因为有网络媒体"咄咄逼人"的姿态，广播电视直播才"痛定思痛"，不断提升自我从而产生与时俱进的效果。直到现在，直播依然是广播电视栏目的最高形态之一，得到受众的广泛认可。

网络的发展使得传统直播从先前的"以传播者为中心"逐步向"以接受者为中心"转变。这种转变使得传统直播在内容上发生较大变化。先前的直播内容更多体现为时政大事。随着时代的发展，当前的直播内容除了坚守时政大事这一阵地之外，还对公共利益和公众兴趣予以兼顾，这样就使得传统直播拥有了更广泛的受众基础。可以说，在传播观念发生变化后，视点不断下移，是传统直播发生的最明显变化之一，这也是传统直播在当今竞争比较激烈的时代得以立足的根本原因。

网络的发展使得传统直播的视听手段更加丰富。影响广播电视发展的决定因素是技术，在技术的推动下广播电视直播不断发展，从容应对各方面的挑战。比如新闻采集技术，走过了从 ENG 到 SNG 再到 DSNG 的历程，这给直播效果提供了前提和保障。又如直播技术，走过了从数字微波、3G 乃至 4G 直播到后来的网络直播、卫星直播、组合直播等的历程。在三网融合背景下，移动通信技术大大提高了电视直播的稳定性。网络的发展使得传统直播技术不断更新换代。

网络的发展使得传统直播更注重与受众的沟通。尽管传统直播从未忽视与受众的沟通，网络时代还是使得这种沟通交流提速了。首先体现在受众有了更便捷的手段与广播电视媒体进行沟通反馈。其次体现在广播电视媒体有了更多的方式收集受众的批评和建议。最后体现在危机感的存在使广播电视媒体更加重视受众的反馈和交流。

对于传统直播来说，网络不仅是一种技术推动，更是对传统的受众群体和传播环境的本质性"改写"，还是一种观念的创新，这自然使得面临生存压力的传统直播不断求新求变。

三、网络时代的传统直播生态

网络时代的到来颠覆了很多传统的经典传播理论，也使得传统媒体的生态环境发生很大变化。首先，网络时代使得传统媒体"舆论一律"的局面被打破。其次，网络时代使得传统媒体从"单声道"传播向"双声道"传播转变，逐渐开始寻求和受众的交流、沟通。最后，传统媒体的自我革新动作越来越大，体现出鲜明的与时俱进性。

在传统媒体生态环境发生极大变化的同时，传统直播的生态状况也有明显的变化。

首先，传统直播的内容选择更加多样化，直播向常态化方向发展。在传统时代，传统媒体受制于传播观念，一般都是选择重大时政事件或者社会影响极大的事件进行直播，比如被称为"中国电视直播年"的 1997 年，有影响的直播有邓小平同志逝世、日全食与彗星同现天象奇观、香港回归、中共十五大开幕式、江泽民主席访美、长江三峡截流等。这些都属于时政大事或者重大社会事件。进入网络时代后，传统直播的视点不断下移，举凡大众关心的多进行了直播，甚至还出现了直播频道。2003 年，中央电视台成立新闻频道，在经过多次改版之后，不少栏目已经实行滚动式直播，从而实现了直播的常态化。可以说，传统直播的常态化，一方面是快速发展的网络媒体推动的结果，另一方面又启发了网络直播的发展。

其次，传统直播的传播方式更加多样化。传统直播要么是事先在现场架设直播机器进行直播，要么是演播室直播，要么是演播室直播加上记者的现场连线等。这些常规性手段都需要事先进行精心准备。随着网络时代的到来，传统直播引入了卫星直播车（图 2-2）和便携式直播设备，以移动直播的方式呈现，使得直播在反应快速的基础上更加常态化，更加活色生香。当然，这对直播人员的综合素养也提出了更高的要求。

再次，传统直播的传播效果更加显著，强化了传受互动关系。网络时代的直播的最大特征就是强调传受关系，甚至在一定程度上打破了传受之间的界限，随时发生角色互换。传统直播除了继续沿用传统的互动方式

图 2-2　卫星直播车

（书信、电话、短信等）外，还积极引入网络互动方式。比如，2016 年央视春晚直播使用了"微信摇一摇"，现今采用的微博互动、弹幕等多媒体互动方式已经在传统直播中被频繁使用。这些互动方式，已经让受众几乎感觉不到传统直播和网络直播的本质性差异。

最后，传统直播的接受平台更加多样化，和网络媒体对接密切。传统时代的直播，基本上是电视直播一家独大，在技术上具有先天的"垄断性"。进入网络时代之后，网络直播大面积兴起，这使得传统直播受到极大冲击。同时，由于网民数量的急速膨胀以及传统电视用户的逐渐流失，传统直播不得不正视收视市场。在这种情况下，主动和网络媒体"联姻"成为转型发展的必由之路。当前的电视直播，除了通过传统手段进行传播之外，大多和相关网站进行合作，实现网络同步播出。平台的多样化，使得受众接受信息更加便捷，这也在一定程度上延续了传统直播的生命力。

总体而言，不管是主动还是被动，网络时代的传统直播必然要深深地与网络"联姻"，并深度融入网络，这也是它未来的唯一出路。

第二节　泛娱乐直播

泛娱乐直播是当前网络直播最重要的类型，同时也是涵盖面最广的一种类型，涉及生活的方方面面。它在某种程度上引领着网络直播的发展。我们甚至可以说，泛娱乐直播已经成为当下最流行的娱乐方式之一。

一、泛娱乐的基本内涵

说到泛娱乐直播，我们必须搞清楚"泛娱乐"的基本内涵。

所谓泛娱乐，是指以 IP 授权为核心，以游戏运营和网络平台为基础所展开的多领域、跨平台的商业拓展模式。作为互联网时代的一个新概念，"泛娱乐"最开始由时任腾讯集团副总裁的程武在 2011 年提出，并在 2015 年发展成业界公认的"互联网发展八大趋势之一"。

由于受到"文以载道"等正统思想的长期影响，人们的价值判断往往从实用主义和教化的角度出发，"娱乐"一词曾被人们视为贬义，将其与吃喝玩乐、声色犬马等联系起来而予以排斥与批判。但是，客观地讲，娱乐是一个中性词，正是因为有了一定的娱乐休闲，人们才能更好地投入工作中，尤其随着大众媒体的发展、经济社会的发展以及生活水平的全面提升，娱乐的内涵越来越丰富，大众已经能够比较理性地看待娱乐了。这是泛娱乐进入大众视线的基本前提。

在泛娱乐正式进入大众视线之前，泛娱乐化作为大众媒体的"畸形"发展现象屡受批判。在大众媒体语境下，泛娱乐化是指以消费主义、享乐主义为核心，以现代大众媒介（如报纸、电视、电影、网络以及舞台表演等）为主要载体，以内容浅薄空洞的方式，通过戏剧化的滥情表演和表达，试图放松人们的紧张神经的一种文化现象。尽管屡受批判，但是泛娱乐化是大众媒体不可扭转的发展趋势。这一方面体现了大众文化口味在新的社会环境下发生的变化，另一方面也体现了媒体功能的拓展和延伸。

2011 年 7 月 8 日，在中国动画电影发展高峰论坛上，时任腾讯集团副总裁的程武提出以 IP 打造为核心的"泛娱乐"构想，这是整个行业内首次提出"泛娱乐"的概念。在"UP2012 腾讯游戏年度发布会"上，程武正式宣布推出腾讯游戏的泛娱乐战略，即以 IP 授权为轴心、以游戏运营为基础进行的跨领域、跨平台的全新商业模式。这次发布会上还成立了"腾讯泛娱乐大师顾问团"：谭盾任首席音乐顾问，蔡志忠任首席动漫顾问，尹鸿任首席传播学术顾问，陆川任首席影视顾问，Micheal Lau（刘建文）任首席玩偶设计顾问，全民熙任首席文学策划顾问。不久之后，顾问团继续升级，如围棋大师古力、诺贝尔文学奖获得者莫言等先后加盟。各行各业的重要人物加入顾问团，体现了泛娱乐的巨大包容性。程武也对泛娱乐战略做出全新阐述，定义为"基于互联网与移动互联网的多领域共生，打造明星 IP 的粉丝经济"。

程武提出泛娱乐的概念后，在互联网行业和文化产业领域产生了极大影响。大家尽管对泛娱乐的认知不见得一致，但是都认识到这是互联网行业和文化产业领域的发展趋势。在"UP2015 腾讯互动娱乐年度发布会"上，程武继续阐发了关于泛娱乐时代未来趋势的五点思考：任何娱乐形式将不再孤立存在，而是全面跨界连接、融通共生；创作者与消费者界限逐渐被打破，每个人都可以是创作达人；移动互联网催生粉丝经济，明星 IP 诞生效率将大大提升；趣味互动体验将被广泛应用，娱乐思维或将重塑人们的生活方式；科技、艺术、人才自由连接，互联网将催生大创意时代。①

2018 年 3 月，工业和信息化部在 CIGC（China Interactive-entertainment Global Conference，中国国际互动娱乐大会）上发布了《2018 年中国泛娱乐产业白皮书》，认为"在'连接'思维和'开放'战略下，文化多业态融合与联动成为数字娱乐产业尤其是内容产业的发展趋势，以文学、动漫、影视、音乐、游戏、演出、周边等多元文化娱乐形态组成的开放、协同、共融共生的泛娱乐生态系统初步形成"。

泛娱乐直播泛娱乐产业的重要组成部分。在此基础上，我们可以适当对泛娱乐直播做一个简单界定，那就是以文学、动漫、音乐、游戏、影视、周边等各领域的多元文化娱乐形态为内容的直播类型（图 2-3）。从内涵上讲，泛娱

图 2-3　泛娱乐生态系统

---

① 《电子竞技》编辑部. UP2015 腾讯互动娱乐年度发布会成功举办［J］. 电子竞技，2015（7）：40-43.

乐直播以各种休闲、娱乐等内容为直播对象，能给大众带来轻松愉悦，并能因此产生相应的社会效益和经济效益。其内容十分广泛，几乎涉及生活的方方面面。同时，作为一种新兴产业，泛娱乐直播也注重品牌效应，在明星主播的基础上也着重推出相应的草根主播，从而打造网络经济，并进而形成品牌效应，推动相应衍生品的生成和发展。

二、泛娱乐直播的优势

泛娱乐直播进入大众视线后得到了迅猛发展，甚至一定程度上引领着网络直播的发展，从而为泛娱乐产业注入了强劲动力和活力。泛娱乐直播之所以在短时间内成功攻城略地、效果显著，原因在于它自身的相应优势和特点。

首先，泛娱乐直播与人的娱乐天性暗合，这是它得到快速发展的基本前提。随着时代的发展，在日常学习和工作之余，放松身心的休闲娱乐已经成为人们生活的重要组成部分。尤其是随着物质生活的日渐充盈，大众对精神生活的丰富性提出了更高要求，而泛娱乐直播在某种程度上正好迎合了大众的这种精神需求。党的十九大报告提出："我国社会主要矛盾已经转化为人民日益增长的美好生活需要和不平衡不充分的发展之间的矛盾。"对娱乐生活的正当追求应当成为人民"美好生活需要"的重要构成。对于个体来说，泛娱乐直播使得娱乐休闲随时随地都可以进行，极大地满足了不同群体的不同需求。

其次，泛娱乐直播内容的丰富性使得它能够将大众"一网打尽"。泛娱乐的本质在于一个"泛"字，既可以被理解为一种层次相对较浅的内容，也可以被理解为一种无所不包的内容。泛娱乐涉及生活的方方面面，既涉及人类的各种艺术呈现如文学、音乐、动漫、舞蹈、影视、演出等，也涉及现实生活的各种需求如旅行、美妆、游戏等；既有大众性内容，也有专业性内容，可以说是无所不包。尽管每个人的兴趣爱好不一，但是每个人都可以在泛娱乐直播平台上找到属于自己的内容，从而达到放飞自我、满足自我心理需求的目的。从泛娱乐直播的内容定位上讲，有的属于常识普及，显得大众化，有的则显得相对专业而高冷，而这正好满足了不同群体、不同个体的不同需求。

最后，泛娱乐直播以活色生香的方式来呈现，能够被大众接受。网络直播最大的特点就是形式灵活多样，从而满足不同群体和个人的不同需求。从泛娱乐直播的具体呈现来看，它既可以给大众提供欣赏观看的内容，这正好符合传统时代对"独乐乐"式休闲的基本理解；也可以给大众提供示范乃至模范的范本，从而形成"与众乐乐"的狂欢式的娱乐方式。尽管在泛娱乐直播兴起之初，它因为形式和内容的问题而受到知识精英的批评，但是随着其自身的发展，也在一定程度上将部分精英者"招安"于麾下。可以说，泛娱乐直播已经变成一场全民狂欢式的娱乐化表达。如果再有人完全屏蔽泛娱乐直播，那就是与活色生香的时代绝缘。

泛娱乐直播在过去的若干年内得到快速发展，就是因为明确的受众定位、丰富的直播内容以及多样化的表现手段等优势为其保驾护航。

三、泛娱乐直播的发展

尽管"泛娱乐"的概念早在 2011 年就被提出，并在随后几年时间内得到人们的广泛认同，但是由于 2016 年被业界视为"中国网络直播元年"，泛娱乐直播大面积发展也是在 2016 年之后的事情。泛娱乐直播的发展大致可以分为两个阶段。

2016—2018 年是泛娱乐直播快速发展的阶段。

根据相关资料显示，2016 年泛娱乐直播的市场规模达 208.3 亿元，同比增长180.1%（图 2-4），其中来自用户付费的营收规模占比超 90%，企业端付费主要来自游戏直播的游戏联运收入。[1] 可以说，在 2016 年泛娱乐直播之所以"爆得大款"，大致基于以下几个原因：其一，2016 年我国移动直播迅速兴起，直播门槛大大降低，加上中央提出的"提速降费"逐步落实，带动用户规模迅速提升；其二，互联网付费时代来临，

---

[1] 产业信息网. 中国泛娱乐直播行业发展现状：2019—2020 一年用户规模波动较小，市场进入存量竞争阶段［EB/OL］.（2020-06-03）［2021-10-10］. https://www.chyxx.com/industry/202006/870127.html.

线上支付的便捷性增强，在一定程度上增强了用户打赏的意愿，付费用户规模和 ARPU（Average Revenue Per User，每用户平均收入）值大面积提高；其三，直播内容升级，价值提高，用户依据内容付费的意愿增强。

图 2-4　2014—2019 年中国泛娱乐直播市场规模及同比增长情况
（资料来源：中国产业信息网）

2019 年以来，泛娱乐直播进入发展瓶颈阶段。

对于网络直播来说，"用户至上"是其不二法则。近年来，泛娱乐直播的用户增长速度明显放缓，其市场规模的扩张速度也大大放缓。这意味着该行业逐步进入理性运转期，但是折射出的瓶颈问题依然值得我们关注。首先，从用户的角度来看，新鲜感的退潮，再加上直播内容的严重同质化，使得不少用户逐步流失（尽管也有新用户加入）。其次，从泛娱乐直播本身来看，相比 2016 年的疯狂增长，当下资本介入直播越来越理性，导致行业出现新一轮的洗牌。最后，变现模式的固化使得泛娱乐直播的运营成本不断提高。用户打赏、"网红抽成"等变现模式，导致直播平台更看重"网红"的引领作用，导致行业恶性"抢人"事件频频发生，用户的体验感被忽视，这在某种程度上加速了用户的流失。

2019 年以来，泛娱乐直播行业移动用户规模始终徘徊在 1.5 亿人左右（图 2-5）。

我们需要看到，当前泛娱乐直播更多还是满足大众的感官需求。随着市场的日渐成熟，在泛娱乐直播中，颜值型和话题型"网红"终将作为快速消耗品成为过往云烟。因此，泛娱乐直播必然需要寻找新的增长点。

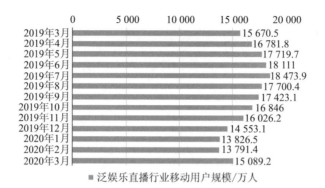

图 2-5　2019—2020 年中国泛娱乐直播行业移动用户规模走势
（资料来源：中国产业信息网）

进入瓶颈期，并不意味着泛娱乐直播从此后继乏力，或者难以再创辉煌。既然是存量竞争，泛娱乐直播行业就必然要在稳住既有用户的基础上，进一步在内容平台和运营模式等方面多下功夫，如此，才能实现行业的本质性突围。

第三节　专业直播

所谓专业直播，是指面向特定群体、以相关专业内容为对象的直播类型，是相对综合类直播而言的。相比泛娱乐直播的浅显来说，专业直播对内容要求更高，同时也强化了用户的黏性，目标更加精准。

相比泛娱乐直播极希望将所有用户"一网打尽"的野心，专业直播显然更加理性，它是在"窄播化"的理论指导下对市场进行深度挖掘，因此在竞争异常剧烈的直播市场中有着存在的必然性，并在未来拥有广阔前景。

一、专业直播的基本定位

在谈及专业直播时，我们需要区分专业性直播和直播的专业性两个概念，切不可将其混为一谈。专业性直播是从直播的内容层面来说的，以相关的专业内容为直播对象，目标对象更加精准，内容也更具有专业性和深入性。专业性直播对专业知识要求相对较高，也导致在短时间内其用户可能不会很多。直播的专业性是从直播的基本要求来说的，需要按照专业化的思路来设计直播的各个环节，以保证其传播效果。因此，随着竞争的日趋激烈，当前的网络直播已经走出野蛮增长时期，步入了向专业化方向发展的年代，出现了不少专业的直播团队，使得传播效果越来越好。

专业直播在内容定位上体现出一定的专业性，可谓"专业的事情交给专业的人去做"。对于专业直播来说，一般是一个平台专注于某一行业或者领域，进而做大做强，从而成为行业翘楚。

比如游戏类直播（图2-6），作为专业直播的重要构成，一直有着很高的人气，而且针对不同的群体有不同的设置门槛。尽管以传统思维来看，游戏似乎难登大雅之堂，但是对于一档直播节目来说，其作用不仅是引导广大网民参与各种电子竞技，释放身心压力，还

图 2-6　某游戏直播画面

是通过直播各种官方赛事和民间赛事来提升大众竞技水平和产业发展水平，可以说，非专业人士、非资深玩家不可担当此任。

课程类直播在近些年得到快速发展，尤其是在2020年，突如其来的新冠肺炎疫情扰乱了正常的教学秩序，而线上教育在一定程度上弥补了学校课堂教学暂时缺席的缺陷。课程直播像真实的课堂教学一样，虽然隔着屏幕，但是让用户通过弹幕、音频等多种方式与老师互动，打破地域阻隔，保障良好互动，在当前教育中功不可没。真正能够进行课程类直播的人士，不光要懂得课堂教学常规，向用户传授相应的专业知识，同时还需要懂得网络规则，这样才能实现直播效果。

比如"局座"张召忠，在退休之前的官方身份是国防大学海军少将军衔的教授、知名军事理论家和军事评论家，还曾经被评为"年度十大科普

新闻人物"。鉴于自身的知名度和网友的呼唤,张召忠在多家平台开通了直播节目。从杂志时代、电视时代到新媒体时代,张召忠亲身参与了一代人军事和国防知识的普及,见证了全社会军事热情的兴起。在此过程中,他自身过硬的专业素养功不可没,非一般意义上的军事爱好者可比,他的直播节目可被视为专业直播节目。

尽管专业直播不可避免地会体现网络自身的一些特点,同时也会有意识地迎合当前青年用户的一些使用习惯,但是总体上讲,它是以专业内容吸引特定的专业用户,这也是它们自身的基本定位。相对泛娱乐直播而言,专业直播的人气可能没有那么旺,甚至有的还显得比较高冷,但是它原本的定位就不是要将用户"一网打尽",而是寻找"有缘人"。真正喜欢相应专业或者行业的人,才会来到相应的专业直播间。如果专业直播的内容质量有相当的保证,用户的忠诚度自然就比较高。可以说,专业直播用户更具有精准性,可谓"广撒网,不如独钓寒江"。正因为有专业性的基本定位,专业直播不可能像泛娱乐直播一样在短时间内就聚集大量的人气,只有秉承"冷水泡茶慢慢浓"的思想,才能最终获得用户的认同。

二、专业直播的理论依据

专业直播得以立足并发展,除了是市场竞争的必然结果外,还有其内在的理论依据,即小众化和窄播化。只有领会了这一理论依据,才能更好地推动其发展。

美国未来学家阿尔文·托夫勒在《第三次浪潮》中认为,在当代信息社会中,无论是社会生产还是消费需求,乃至价值观念,都体现出了从单一到多元、从整体到分化的发展走势,而信息领域也从先前的"群体化传播工具时代"走向了"非群体化传播工具时代"。[1]

按照托夫勒的意思,传播者不应该再将受众作为铁板一块,不应该将

---

① 阿尔文·托夫勒. 第三次浪潮 [M]. 朱志火,潘琪,译. 北京:新华出版社,1996:169-180.

其视作一个没有分别的整体，而是应该针对受众的不同群体和不同需求层次，分别实施相应的传播策略。与大众化相对应的小众化开始屡屡被人们提及。所谓小众化，是指社会阶层内部的一些人群源于某种共同的兴趣、爱好或品性而聚合成一个小圈子的趋势。对于媒体而言，小众化实际上就是改变先前面向所有受众的做法，转而面向一部分特定受众。如果说先前大众媒体是面向全体受众的广播化，那么在"非群体化传播工具时代"就应当是窄播化。所谓窄播化，是指媒体一改先前那种大综合而转为面向特定受众的做法。相比大综合而言，窄播的受众群体减少了，但是它会拥有一定数量的、比较稳定的受众群体。先前大众媒体追求"大而全"，当下媒体应当逐步追求"小而专"。"小而专"相对于先前的"大而全"而言，是主动放弃了相当部分市场，但是从传播效果上讲，实际上把握了受众的忠诚度，是一种更为精准、更为有效的传播。①

"以产权的多元化和经济运作市场化为基本内容的社会主义经济体制改革促使社会结构由'总体性'向'自主性''分群化'转变，各阶层受众对媒介的需求也日趋丰富和复杂。"② 这句话道出了媒体市场从先前的大众化逐步转向小众化的根本原因。大众传媒的"大而全"已经满足不了现代人的多元化信息需求。随着目前生活水平的提高、生活节奏的加快，人们开始在各类媒体中寻找适合自己"口味"的信息，以适应当今社会的快速发展。同时，随着我国市场经济的发展，社会化分工越来越细，媒介一方面强调自身的宣传功能，另一方面不得不面向市场，注重加强自己的服务功能。此外，大众传媒开始注重并强调自身的品牌特色与媒体个性。没有特色与个性的媒介，在竞争日益激烈的媒介市场已经很难立足。

随着网络直播的发展，其竞争性也越来越强，而在小众化和窄播化理论支撑下的专业直播在某种程度上就是应对竞争的最好选择。专业直播的受众不会像泛娱乐直播那么"人潮汹涌"，但是在时间的延续中，专业直播会因为小众化和窄播化获得越来越多的忠诚用户。

---

① 曾庆江. 媒体平衡论 [M]. 武汉：武汉大学出版社，2014：162.
② 陆晔，赵民. 当代广播电视概论 [M]. 上海：复旦大学出版社，2010：34.

三、专业直播的未来发展

众多号称专业直播的平台中，也存在泥沙俱下、良莠不齐的状况，因此专业直播在未来发展中也会面临诸多问题。结合当前情况，专业直播在未来将呈现以下几种趋势。

其一，优质内容将成为核心竞争力。从本质上讲，专业直播的生存法则就是差异化竞争。网络直播的未来发展必然是依靠付费用户的增长，而不仅仅是依靠夸张新奇的形式或者稀奇古怪的内容来吸引流量和人气。从网络直播的未来发展来看，用户付费的价值远远大过流量分成。专业直播在内容专业性上的坚守，必然换来用户的黏性。可以说，在流量为王的时代，以内容为核心将仍然是不二法则。目前，专业直播还存在不专业的问题，但在未来"内容为王"的指引下，这种局面将会大大好转。

其二，保持用户的参与感。网络直播的最大特点就是强大的互动性和体验性。但是专业直播在发展中，由于过于强调内容的专业性，再加上一些专业内容在互动性和体验性上相对较弱，可能就会有意无意弱化直播的本质特性。用户之所以选择专业直播，看重的自然是其专业内容。但是从用户自身出发，他首先认可的应当是直播这种媒介形式，如果仅仅是为了强化专业知识学习，则未必会选择专业直播。因此，专业直播在未来想要得到良性运转，弥补互动性和体验性不足的缺憾和短板，保持和强化用户的参与感将是其必然选择。

其三，专业直播的用户市场还将得到细分，私人定制将成为可能。如前所述，窄播化是专业直播的立根之本。窄播化既是一种理念，也是一种趋势。作为趋势的窄播化，究竟"窄"到什么程度，是没有标准的，一切都应当从用户的需求出发。从本质上讲，市场分割越细，其传播越有效，但是实际上，市场分割越细，就意味着直播平台的支付成本越高，用户支付的费用也越高。因此，专业直播一方面需要依靠专业性吸引更多的忠诚用户，另一方面又需要打破先前靠流量盈利的模式，这样才能使得窄播化在真正意义上运转下去。依靠专业性吸引更多的忠诚用户，需要在专业的普及性和专业的实用性上下功夫，让用户觉得有可看、可听的可能性和必要性，真正觉得"物有所值"，愿意为相关内容买单。在未来，专业直播在内容上肯定是越分越细，私人定制将成为行业趋势。

第四节 带货直播

在网络直播中，带货直播是最令人瞩目的类型之一。带货直播巨大的经济效益和社会效益不仅吸引了众多传统媒体的资深主播入驻，还打造出了不少实力"网红"主播，甚至一些地方政府官员也积极掀起"直播带货"风，为特色产品"代言"，从而取得了叫好又叫座的传播效果。当前，一些县市更是将带货直播作为拉动地方土特产销售的重要手段。富了农家，赢了商家，方便了千万家，带货直播俨然是一场全民式狂欢。当然，理性审视官员带货直播，其不仅是个实践问题，更是一个值得理论思考的问题。

一、异军突起的带货直播

所谓带货直播，是指利用具有一定人气的主播，通过相应的互联网平台，使用直播技术对商品进行近距离展示、咨询答复，从而达到对相关商品进行集中推介销售的新型网络销售方式。考虑到带货直播的实际效果，直播的主角多为各路明星或者新晋"网红"，他们有着超高的人气，在带货直播中往往因为粉丝的积极参与而取得让人惊叹的效果。

带货直播推动了网络电商的快速发展，以至于有人将 2019 年称为"直播电商元年"。李佳琦、罗永浩、李湘等人不断为直播电商贡献完美战绩，比如李佳琦先后在直播间销售口红和电影票，都取得了"赫赫战功"，让社会大众以及电商为之侧目，直播带货由此成为时代新风尚。在这一风尚的引领下，不少网络平台如京东、苏宁易购、淘宝、蘑菇街、唯品会、聚美优品、拼多多、小红书、洋码头海外购、微信、抖音、快手、斗鱼等成为直播带货的重要平台。可以说，电商成为各大网络平台开展白热化竞争的新领地。2020 年 4 月 6 日，央视主播朱广权联手"带货一哥"李佳

图 2-7　衡水市人民政府副市长带货直播海报

琦组成超级公益带货 IP "小朱配琦",以"谢谢你为湖北拼单"为主题进行湖北特产带货直播,短短两个多小时,产生 4 000 多万元的销售额,令人惊叹。

在带货直播产生积极社会影响的基础上,2020 年特别值得关注的是官员带货直播现象(图 2-7),它一方面将带货直播推向新的高度,成为农产品销售新的增长点,另一方面又开启了"互联网+行政管理"的新篇章,极大地提升了地方政府和官员的形象,值得社会各方面予以相应的关注。

2020 年 3 月 2 日,安徽省宿州市砀山县县长陶广宏走进网络直播间,"砀山酥梨皮儿薄,掉到地上找不着",他一边吃,一边推荐。在整个活动中,直播间先后涌入 60 万名网民,当天店铺销量高达 2.7 万单,售出将近 7 万公斤砀山酥梨,从而为滞销的砀山酥梨打开新的销售局面。2020 年"五一"期间,山西临汾市举行"县级领导直播带货"活动,9 天先后进行了 85 场直播,带货总额达 3 000 多万元。① 5 月 4 日,海口市市长丁晖联合著名主持人汪涵直播销售海口火山荔枝,从下午到晚上成交 150 万公斤。5 月 16 日,三亚市代市长包洪文走进"海南爱心扶贫网"抖音直播间,为三亚热带水果直播代言,开播 10 分钟,销售额达 27 万元。受新冠肺炎疫情影响,湖北省很多地方出现了农产品严重滞销的情况。这个时候的官员带货直播无疑对促进消费、稳定经济更具特别的意义。据相关报道,"(2020 年)4 月 8 日湖北解封以来,抖音发起'市长带你看湖北'直播等系列援鄂复苏活动,多项举措助力湖北高效复工复产,解封首月共带动 13 个城市热销特产 368 万件,销售金额达 1.72 亿元。仅武汉市副市长李强参与

---

① 张文华. 临汾县级领导直播带货实现开门红 [N]. 山西经济日报, 2020-05-13 (1).

的一场抖音直播,就带动周黑鸭、良品铺子零食等累计销售1 793万元;在恩施州副州长李岩主持的一场直播中,当地一家蜂蜜企业销售蜂蜜5 000多瓶,相当于平时一两个月的销量"①。成功的官员带货直播案例在媒体上比比皆是,真可谓目不暇接,让人真切地感受到带货直播的巨大市场感召力。

官员带货直播虽然在2019年甚至更早时候已经在少数地方试水,却是在2020年形成蔚为大观并获得满堂喝彩的局面。这一方面是"互联网+"大举"征伐"的结果,另一方面也多少有新冠肺炎疫情"催生"的成分在其中。客观来讲,官员带货直播已发展成"直播经济"的一种重要形态,值得电商和政府行政管理部门等多方面进行关注。但是,官员带货直播又不同于一般意义上的"直播经济",尤其与当前的"网红"带货直播有着本质的区别,因此其本质特征、内在规律和发展方向都需要得到全面深入研究。官员直播作为一种新型的传播方式,从本质上应当符合传播的基本规律。从传播学的视角对官员带货直播进行相应的解读,有助于把握其优势,发现其短板和隐忧,从而更好地优化官员带货直播,为经济发展和政务管理提供新的思路。

二、带货直播的传播优势

在带货直播中,官员带货直播成为一个新鲜话题并在市场上屡有斩获,体现出自身超强的优势。如果以哈罗德·拉斯韦尔的"5W"传播模式进行相应解读,就更能明了官员带货直播的优势之所在。

"5W"传播模式作为大众传播学研究中最广为人知的研究模式,包含了传播行为中的五个基本问题:谁,说了什么,通过什么渠道,对谁说,取得了什么效果。这个模式以线性的方式,揭示了传播学研究中的五个核心要素:传播主体、传播内容、传播渠道、传播客体、传播效果。② 拉斯韦尔的"5W"传播模式尽管是针对传统媒体提出的,但是今天依然可以

---

① 赵姜. 官员带货直播 该如何"写总结"[N]. 北京青年报, 2020-05-17(2).
② 丹尼斯·麦奎尔, 斯文·温德尔. 大众传播模式论[M]. 祝建华, 武伟, 译. 上海: 上海译文出版社, 1987: 16.

作为检验新媒体发展的试金石,这在某种程度上印证了经典理论的当代适用性。当前比较流行的官员带货直播较好地诠释了拉斯韦尔的"5W"传播模式。

第一,从传播主体来看,官员带货直播的主体是官员。参与带货直播的官员之所以能引起大众的关注,是因为他们积极主动的直播行为在一定程度上改变了大众对他们的"刻板印象"。长期以来,不少官员给大众的形象是白衣黑裤、措辞谨慎、不苟言笑,但是,直播间里的官员完全不是这个形象。他们在自带政府公信力的同时又能够活学活用各种网络流行语,为当地农产品代言,从而"圈粉无数",获得大众认可。"干部通过网络直播方式助农促销,既是'互联网+农产品'的形式,也是'互联网+行政管理'的新尝试。这种做法将形成'鲶鱼效应',带动政务创新,助力各地打造服务型政府。"① 可以说,官员以网络主播的身份出现在大众面前,极大地改变了自身在大众面前的形象,这是他们获得大众认可的本质原因。由于官员代表的是各级政府形象,对官员的认可实际上也体现了对政府的认可。官员带货直播正是"互联网+行政管理"的新尝试和新体验,拓宽了政府与大众互动的空间与渠道,增强了大众对政府的信任感。当然,官员带货直播只是"政务创新"的一个微观视角,真正要实现"政务创新"还需要一个较长的过程。

带货直播的官员之所以能得到大众的认可,一方面是因为自己代表着政府的公信力,另一方面则是因为共同参与带货直播的各种明星能够激发大众的兴趣。比如,海口市市长丁晖直播销售火山荔枝时,著名主持人汪涵就参与其中,尽管汪涵在直播中大多时间"只吃不说",但是依然能够吸引不少粉丝前往"围观"。可以说,正是丁晖官员身份和汪涵明星身份的双重组合,才使得这场公益性带货直播获得成功。

第二,从传播内容上看,官员带货直播的内容多是地方土特产。各个地方的土特产本来就是吸引各地民众的重要商品,比如我们外出旅游观光

---

① 傅人意. 领导干部变身带货主播,小小手机屏对接产销两端 直播间的"政务新风"[N]. 海南日报,2020-04-24(A06).

时总是不忘给自己的家人或者朋友带回一些富有地域特色的特产名吃等，这成为联系家人和亲朋好友情感的纽带，更是自己在各地旅游"打卡"的重要体现。地方土特产一方面体现了"一方水土孕育一方物产"，另一方面则牵系着不同的文化传统和地域特色。官员在进行带货直播之前，往往做足功课，从服饰穿戴到肢体动作，从直播间的个性摆设到主播的语言风格，大多进行了精心准备和设计，从而做到"不打无准备之仗"。比如，2020年3月27日，海南省琼中黎族苗族自治县副县长王安涛在向全国各地的网友推介当地的百花蜂蜜、山鸡、山兰酒等农产品时，特意穿上了具有民族特色的黎族服装，让诸多网友眼前一亮，过目不忘，产生强烈的新奇感。同时，他还对琼中农特产品的滞销情况、农产品的特点和市场行情、琼中水土所具有的自然资源禀赋等进行了相应的介绍，从而让网友真正了解到土特产不可替代的"特色"和满足日常生活所需的实用性。此外，直播间摆满了各种各样的地方土特产，品种丰富、琳琅满目，在色彩搭配上也极具视觉冲击力，再加上网友完全承受得起的低价格，自然能够极大激发广大网友的购买欲。①

第三，从传播渠道上看，官员带货直播重在"带"和"播"二字。从形式上讲，带货直播是一种即时直播行为，主播在现场的极富诱惑性的语言和行为本来就能够极大激发大众的认同感和购买欲，从而推动大众在极短时间内完成下单行为；同时，主播还可以和世界各地的网民进行互动交流，从而打消购买者对相关商品的疑虑，进一步强化他们对产品的认同感。直播活动具有强烈的人际传播特点，使受众获得极大的尊重和满足感，从而心甘情愿"买买买"了。而"带货直播"中的"带"字，更是使得传播和售卖成为一种实体性存在，从而能够获得网民的认同。在官员带货直播中，他们直接在直播间将各种极富地域特色的销售产品摆放出来，并进行相应的介绍说明，让网民获得一种直观性的视觉体验，再加上以强大的政府公信力作为保障，网民自然就可能将购买行动落到实处了。

---

① 傅人意. 领导干部变身带货主播，小小手机屏对接产销两端 直播间的"政务新风"[N]. 海南日报，2020-04-24（A06）.

官员主动通过直播的方式带货，体现的是作为地方官员为推动地方农产品销售而"放下身段"的一种责任担当。从另外一个层面讲，官员在直播间的带货行为，"带"的是政府的公信力，这是市场上某些不法商贩所不能比拟的。

第四，从传播客体上看，官员带货直播面对的是有担当的热心网民。这些网民以中青年为主，有着较为丰富的网购经历，同时有着强烈的社会担当意识，积极且主动地参与"助农扶农"活动，正因如此，才使得官员带货直播往往能产生较好的市场效果。因为是中青年网民，有一定的经济保障，他们可以在很短时间内完成下单消费；因为有着丰富的网购经历，他们能够在很短时间内判断出官员带货直播中商品的"真品、质优、价廉、实用"；因为秉承社会担当意识，当带货官员以"助农扶贫"等为主题进行"大声叫卖"时，自然会得到这些网民的热烈响应。同一般的"网红"或者明星带货直播不同，官员带货直播多以农产品为主，对于很多人来说可谓"非计划性购买"。所谓"非计划性购买"，是指购买非日常生活必需品，它往往在某种特殊情境的推动下完成，即冲动性消费。冲动性消费具有这样几个特征，即"非计划性购买、存在特定情境刺激下的反应、缺乏理性的自我控制、基于自由意志而非强迫购买、受到突然而强烈的驱动力驱使、伴随强烈的情感反应、未经过深思熟虑等"，在此基础上可以被理解为"消费者在受到情境刺激下，感受到突如其来的、强烈的无法抗拒的欲望，同时伴随着矛盾情绪冲突的非理性的购买行为"。① 在官员带货直播中，售卖对象多为基于各种各样的原因滞销的季节性农产品。有着担当精神的官员的急切心理可想而知。而消费者面对的情境是，自己不需要花费很多，就可以买到质优价廉的农产品，既满足了自己的食欲，又能为乡村振兴、扶贫助农尽自己的心力，何乐而不为？带货官员急切地努力推销，希望能够解决农产品的滞销问题，热心网民则买得开心，两者可谓一拍即合，从而形成一种全民狂欢局面。

第五，从传播效果来看，官员带货直播所产生的交易额惊人，让人们

---

① 邹颖. 网络购物环境下消费者冲动性购买后的情绪研究 [D]. 南京：南京大学，2017.

充分感受到带货直播的巨大威力。官员带货直播之所以成为热点话题，其实并不完全因为带货直播的主体是官员，还因为并没有带货直播经验的基层官员甫一露脸就获得可观的经济效益。如前所述，互联网经济发展到今天，带货直播已经不是什么新现象。但是，在带货直播走过当初的新奇阶段之后，随即而来的一系列问题集中爆发出来。2020年3月31日，中国消费者协会在调研的基础上发布了《直播电商购物消费者满意度在线调查报告》，对当前直播电商购物及消费维权领域的诸多特点进行了解读。报告显示，"消费者对虚假宣传和商品来源的担心最为突出，网友对产品宣传'吐槽'最多的是'夸大其词'，其他如'假货太多''鱼龙混杂''货不对板'等也是高频词汇"①。同时，消费者遭遇网购骗局之后，想进行相应的消费维权也非常艰难，这都不利于带货直播的良性发展。可以说，带货直播经过一段时间的迅猛发展之后，进入尴尬的灰色地带。但是，官员带货直播的出现，在某种意义上对带货直播的相应问题起到一定的纠偏作用。之所以这么说，主要因为两点：其一，带货官员代表的不是个体，而是背后的政府公信力，这让网友购买起来比较放心；其二，官员所带之货多为地方土特产，物美价廉，但因为物流等问题滞销，销售目的带有强烈的扶农助农性质，基本不存在传统的消费骗局。正因如此，官员带货直播才一路"攻城略地"。官员带货直播所产生的可观交易额，正是这一现象各个优点的集中显现。

三、带货直播的未来发展

我们仍然以官员带货直播现象来分析带货直播的相关问题，并定位其未来发展。

官员带货直播产生可观的交易额，在某种程度上解决了物流等原因导致的农产品滞销等问题，一些比较低调的官员甚至一度晋升为"网红"，这是官员带货直播成为一时风潮的重要原因。因为能获得社会效益和经济效益的双丰收，我们可以预测，在未来的一段时间内，官员带货直播现象

---

① 李俊，王茜. 警惕直播带货那些"坑"[J]. 法人，2020（5）：72-74.

还会是社会关注的热点。但是，这个热点还能够持续多久，也是我们亟须思考的，因为官员带货直播这一现象存在着不可忽视的隐忧。

第一，从传播主体上讲，官员不可能一直以个人身份进行带货直播。官员的本职工作应当是代表国家和政府行使国家行政权力，执行国家公务，进行带货直播在某种程度上只不过是缓解农产品滞销问题的权宜之计。同时，从传播的角度来看，再红的"网红"也都有落幕的时候，随着时间的推移，这些在一时之间获得大众赞誉的带货官员，不可能每次带货直播都能够成功奏效，此外，也并不是所有的农产品都适合进行官员带货直播。官员带货直播，不能为了直播而直播，否则可能会变成官员作秀的"秀场"，背离为人民办实事的初衷，从而助长形式主义、官僚主义的工作作风。"干部走进直播间之前应'三思而后行'，一思是否真的需要、适合搞直播，如果只是搞噱头、博眼球，不仅对当地发展无益，还有形式主义之嫌；二思品质是否真的硬核，能否适应市场需求和满足群众需要；三思推销得不得当，是不是把握好了公益直播代言和给企业站台做广告的界限。适度营销品质优良的土特产能构建产品销售的新模式、新渠道，还能达到产品销量增长与政府公信力提升的良性循环。反之，再'秀'的直播，再'火'的网红，也逃脱不了'过气'的宿命，影响产品销售，损害政府公信力。"① 这无疑是给官员带货直播注入的一支清醒剂。"网红"带货直播能走多久，我们都不得而知，遑论官员带货直播?!

第二，从传播内容上讲，并不是所有农产品都适合进行带货直播。带货直播一方面是互联网经济的重要体现，另一方面是新冠肺炎疫情影响之下不得已的非常规手段。"随着疫情趋于稳定，'复商'成为主旋律，直播卖货不应当成为企业销售的常态化方式，企业要想有更好的发展，弱化销售力度，强化营销是必由之路。"② 出现农产品滞销现象的原因非常复杂，2020年年初的新冠肺炎疫情只不过将这一问题放大了而已。既然农产品滞销原因非常复杂，我们也不能指望通过带货直播这个途径解决根本问题，

---

① 章飞钹. 县长直播带货热的冷思考［N］. 中国组织人事报, 2020-05-19（2）.
② 任慧媛. 为什么说"直播带货"的未来堪忧?［J］. 中外管理, 2020（5）：38-40.

权宜之计不能代替根本手段。我们更应当通过一些保障制度和创新手段来解决农产品的滞销问题，否则只要一个环节出现脆弱或者脱节现象，问题立马会浮出水面。在官员带货直播奏效的同时，我们应当清醒地思考破解农产品滞销的根本之策，只有标本兼治才是长久之道。此外，各地农产品多种多样，并不是每种农产品都适合带货直播。研究表明，在直播间大受欢迎的往往是价格低廉、实用性强的小件农产品，大宗农产品的销量可能就不尽如人意了。"官员直播带货是一种个性化、短时间的行为，只能够刺激某几个品牌的发展"①，如果将其泛化，就不合适了。

第三，从传播渠道上看，进行带货直播并非是官员的特长。官员的主体身份是行政管理，他们走入直播间进行带货销售，或者是迎合时代风潮，或者是因为农产品滞销，不得已而为之，并非专业体现。参与带货直播的官员中，很少有人对网络传播心理进行过深入的研究，对带货商品的特性也缺乏本质性了解，因此在带货直播中，这些官员只能有意或无意地模仿使用既有的网络用语来迎合网民，以达到与网民进行互动的目的，而对商品的介绍也多半局限于照着"说明书"进行科普性宣读，若并不能真正把握相关产品不可替代的特点，其效果可想而知（也有某些官员在直播间手忙脚乱甚至方寸大乱的相关报道）。

第四，从传播客体来说，网民的随意性也值得关注。诚然，当前官员带货直播吸引了不少中青年网民的高度关注，这是它成功的重要保障。但是从传播的角度看，任何网民都有自己的偏好性，因此对网民进行细分是必要的。当前流行的数据爬虫之所以得到业界的特别推崇，原因就在于它实现了立足网民各种偏好基础上的细分化。当前的官员带货直播存在过于追求流量和销售额的现象。据相关媒体披露，"某些基层官员似乎并不真正关心本地的好东西卖不卖得出去，而是更加关心自己的面子能不能过得去，以及将来可资吹嘘的直播带货业绩是否足够亮眼。官员直播带货在某些地方因此完全变了味，成了出风头、讲排场、赤裸裸秀下限的新型形式

---

① 赵丽. 官员直播带货谨防"作秀"[N]. 法制日报，2020-05-22（8）.

主义、官僚主义"①。这种为了直播而直播的做法，自然有悖于官员带货直播的初衷，毫不考虑网络的基本规律和网民的基本心理，只能将自己逼入死胡同。要做好带货直播，一定要有明确的定位，即相关商品的售卖对象究竟是什么群体，他们的购买行为是一时的冲动消费还是有着稳定的需求。只有这样，才能让他们所推荐的农产品不仅是一时的畅销产品，更是长时间的长销产品。畅销产品可能只是昙花一现，长销产品才能成就真正意义上的经济增长点，保证农民借农产品的销售实现增产增收。

　　第五，从传播效果上看，仅仅定位于流量和交易额是远远不够的。如果仅仅停留在这两个指标上，就注定了官员带货直播只能是短期的作秀行为，对于产品销售根本不会产生本质上的推动作用，甚至会因为损害消费者权益而导致恶性循环。在当前的官员带货直播活动中，交易额惊人固然让人心潮澎湃，但是我们更需要保持清醒的头脑，看到数字背后的东西。比如低价销售问题，有的官员带货直播故意将商品价格弄错，让一些网友认为自己占了便宜而赶紧下单，如新疆某市官员在带货葡萄干时，"故意"将59元2斤弄成39元3斤，结果20万订单瞬间被秒光。这种"赔本赚吆喝"的做法是以流量和交易额为前提的，是否真的有利于农产品销售，是值得考量的。又比如，不少官员进行带货直播时，在低价销售的同时，往往还伴随着打悲情牌、乡情牌等组合拳。这种做法短期内可能奏效，但是时间长了，网民越来越理性，这种悲情牌、乡情牌可能就难以奏效了。更有甚者，"有的地方专门发文摊派，要求党员干部必须观看，还规定了'最低消费额'；有的地方'赔本赚吆喝'，低于成本价促销，要的只是流量、销量好看；有的地方搞'二次签约''虚假下单'，把已完成的交易在直播时再演练一遍，或下单之后再退单；有的地方花钱组织大量水军，在官员直播带货时高唱个人赞歌，齐呼'领导好帅'，营造'刷屏'氛围……"② 这种人为造假，只是成就了个别官员追求政绩的政治作秀，最终会降低相关产品的声誉，影响政府的公信力，其恶劣影响非同小可。

---

① 舒圣祥.官员直播带货，"秀"的不该是下限［N］.检察日报，2020-05-20（5）.
② 舒圣祥.官员直播带货，"秀"的不该是下限［N］.检察日报，2020-05-20（5）.

官员带货直播在一段时间内赢得了社会效益，也获取了经济效益，成为大众关注的话题，是值得肯定的。在今后一段时间内，它可能还是扩大内需、稳定消费不可或缺的手段。官员带货直播首先应当是一个互联网经济问题，但从信息传递和接收的角度看，又是一个重要的传播学问题。只有厘清拉斯韦尔模式中所关涉的五个要素，才能真正为其把脉，进而推动其良性发展。基于各种各样的原因，官员带货直播不可能成为互联网经济的常态，但是把握其本质内核，让其"偶尔露峥嵘"，成为互联网时代常规销售的必要补充，也是极好的。

第三章

网络直播的艺术属性

网络直播已经成为互联网时代的最大亮色，拥有超高的流量，产生了极为可观的社会效益和经济效益。作为互联网时代的视听呈现手段，网络直播有着不可忽视的艺术属性。只有把握网络直播的艺术属性，才能提升其质量水准，保证其传播效果，形成长效机制。

在谈论网络直播的艺术属性时，我们需要弄清楚艺术和网络直播的关系。这可以从两个方面来理解：其一，艺术是网络直播的重要对象，缺少了艺术内容的网络直播是不完整的；其二，网络直播作为一种传播行为、视听节目，本身就需要追求一定的艺术性，只有把握艺术性，才能最终保证其传播效果，使其获得长久的生命力。

第一节 当艺术遇见网络直播

自从人类进入网络时代，艺术也就搭上了网络这列快车，有了新的呈现平台，获得更为广泛的受众群体。同时，网络直播中也屡屡出现艺术的身影，丰富着直播的内容。

一、艺术的网络呈现

从古至今，被公认的人类艺术包括文学、绘画、音乐、舞蹈、雕塑、戏剧、建筑、电影等八大类别。无论艺术的审美创造抑或审美接受，都需要通过主体一定的感官去感受和传达，进而引发相应的审美经验。根据主体的审美感受、知觉方式等进行分类，艺术可以分为语言艺术（文学）、造型艺术（雕塑、绘画、建筑）、表演艺术（音乐、舞蹈）、综合艺术（戏剧、电影）等四大类别。不同的艺术类型，在审美上具有自身的特点。

在传统时代，人们都是通过和艺术对象的当面或者近距离接触来进行感知、感受和审美，具有强烈的"即时即地性"[①] 色彩，因此这使得艺术

---

① 瓦尔特·本雅明. 摄影小史 机械复制时代的艺术作品［M］. 王才勇，译. 南京：江苏人民出版社，2006：51.

审美在很大程度上属于相当"奢侈"的行为。进入"机械复制时代"后，各种艺术品通过技术手段得以复制进而普及，尽管这在某种程度上削弱乃至消解了艺术的神圣性，但是使得艺术品成为大众可接触的对象。科学技术的迅猛发展，使得计算机和网络技术不再是单纯的制作工具，更是成为各种艺术作品储存、传播、展示的重要载体和平台。在进入网络时代后，艺术的呈现与传播更是具有了新的姿态和特点。

首先，网络时代的来临，为人们远距离交流和传播艺术提供了自由和便利。如前所述，传统艺术审美具有"即时即地性"的特点，而在网络时代，不少艺术内容能够通过网络来加以呈现和传播，从而使得我们可以随时随地完成艺术审美，不再受到时间和空间的限制。网络进一步实现了"人的延伸"，也释放了人们艺术审美的自由。网络使得艺术得到了进一步推广，从而实现了审美的大众化。

其次，网络为各种艺术作品的全景展示提供了新的平台。网络能够对各种艺术作品进行多面呈现，甚至在一定程度上弥补个人的"盲点"（比如观察视角、光线等客观限制，或者因自身主观原因导致对作品的审视存在局限性），使得大众能够更好地欣赏相应的作品。同时，网络信息的海量性，使得大众进行艺术审美时可以随时随地参考各种资料信息，从而使得审美更加深入，审美水平、艺术素养得以整体提升。

最后，网络催生了新的艺术样式。一方面，有不少传统艺术在网络介入之后，形成了新的艺术样式和新的艺术内涵，呈现出艺术的网络化趋势；另一方面，一些网络原生态艺术出现，进一步丰富了艺术大家庭。比如，近些年网络动画已经成为动画新宠，而且制作成本较低，效果呈现也较好，备受青少年喜爱。同时，网络作为一个"公共领域"，价值更加多元化，从而进一步激发了艺术创作者的创作热情。以时尚性、消费性为主打特色的网络艺术如雨后春笋般呈现出来，尽管良莠不齐、泥沙俱下，但是给大众带来新的艺术体验，则是不争的事实。

总体而言，网络给予了艺术一个全新的舞台，使得艺术呈现更加绚烂多彩。当然，网络环境的相对宽松，也使得一些标榜为艺术的庸俗、恶俗、媚俗的内容被制造并呈现出来，给社会带来一些不利的影响。网络可能使得艺术呈现出"众神狂欢"的姿态,也可能使得艺术出现"群魔乱舞"的征兆,但是只要人的主体性存在,网络依然会引导着艺术向积极的方向发展。

二、艺术与直播时代

2020年,一场突如其来的新冠肺炎疫情,让处于交往社会的人类倍感孤独,这在很大程度上推动了在线直播的火爆。不甘寂寞的艺术家也紧跟时代步伐进入了直播间。各种艺术直播平台纷纷涌现,艺术与直播实现了全面对接,真正进入直播时代,这使得艺术传播进入新的历史时期。

图 3-1 One World：Together at Home 演出嘉宾截图

2020年4月19日,世界人民共同见证了历史——"同一个世界：团结在家"（One World：Together at Home）线上特别慈善音乐会全球同步直播,Lady Gaga、郎朗、Billie Eilish 等诸多国际巨星为观众带来了一场视听盛宴（图3-1）,让观众真实体验了一把互联网版"天涯共此时"。这场线上演唱会在超过10家平台同步播出,募集了超过1亿美元的善款。虽然没有华丽的舞台和震撼的音效,也没有观众的欢呼和火热的气氛,但毋庸置疑,这场盛大的直播为隔离中的寂寞灵魂注入了一剂抚慰心灵的清流。

在新冠肺炎疫情横行时,我国著名画家陈丹青也参加了多场直播。比如,2020年5月16日,位于浙江乌镇的木心美术馆,在闭馆长达百日之后恢复开放,陈丹青在抖音直播导览,对馆藏品逐一介绍,引来不少网友点赞评论。5月19日,他出现在山西博物院直播现场,和网友们分享他对北朝墓葬壁画的看法，吸引了近6万名网友观看。8月8日，他和另外一名画家杨飞云联合主持一场名为"徐岩的北京"的画展，在看理想、在艺云、艺典中国等平台同步直播。像这样的艺术直播活动还有很多，它们吸引着艺术爱好者前往围观和参与，一些原本对艺术不怎么了解的人也逐步成为艺术直播的拥趸。

但是，这并不意味着艺术与直播的结缘只是因为疫情。事实上，艺术直播已经不是新生事物。早在2017年，一些艺术网站就开始对相关艺术展览的开幕式、研讨会以及重要学术会议进行直播。一些艺术理论教师和批评家也借助网络直播来传播自己的教学和研究成果。2018年，威尼斯国际建筑双年展、卡塞尔文献展等大型国际艺术展以网络现场直播的方式进行展出，使得不少艺术爱好者足不出户就能感受到国际艺术展的魅力。新冠肺炎疫情将艺术直播的价值放大，使其进入大众视线，从而推动艺术更快进入直播时代。

艺术直播在特殊时期蔚然成风，甚至在一定程度上取代了传统的艺术教育、艺术展览、艺术经营方式，这一方面维持着艺术领域的正常运转，另一方面也实现了艺术形态的突围，即从线下向线上转移，从实体向虚拟转移，从面对面的对视向隔屏而视转移，是非常值得肯定的。今后，艺术直播还将得到快速发展。

三、艺术面临的挑战

传统的艺术传播在遇到网络之后，其传播速度和传播效果都发生了极大的变化。尤其让人感叹的是，各种各样的直播平台使得在传统时代高端、冷门的艺术不再高高在上，而是以一种日常化、生活化的姿态被大众"围观"乃至参与。同时，当前不少直播平台的技术门槛极低，对于正常人来说已经基本实现了无障碍操作。直播平台像一个不设防的城市任人进出。在短时间内大量直播间纷纷开设，大量网络主播相继涌现，并对其他人形成一定的示范作用。可以说，艺术直播在某种程度上降低了艺术的门槛，使得"人人都是艺术家"越来越成为可能，这似乎在一定程度上会推动艺术的发展。同时，艺术品的直播带货也逐渐发展成一种趋势，从而推动艺术进一步走向市场。

但是，我们依然应当辩证地看待艺术的网络直播。

我们应当认识到，网络直播在推动艺术的大众化方面功不可没。长期以来，艺术相对高冷，对于大众来说是一个高不可攀的存在，或者说是一个相对比较奢侈的行为，而艺术直播的低成本、低技术含量等特性保障了大众的可参与度，使其成为一个全民皆可为的行为艺术。网络直播大幅度提升了艺术的传播效率、传播广度以及传播效果，具有相当的亲民性。毕竟，艺术只有植根于大众，才能获得长久的生命力。

我们也需要认识到，低门槛、无限制必然会使得艺术直播在短时间内得到迅猛发展，这会直接导致良莠不齐的现象出现。诚然，以前为大众所不能见到或者较少见到的艺术，因为网络直播而增加了曝光度，并得到大众的积极响应。但是，在艺术直播的野蛮生长中，大量不具有知识性或者艺术含量的内容充斥其间，大大消解了大众对艺术的敬畏感。同时，海量信息造成选择的随机性、偶然性和不确定性，使得艺术传播呈现出明显的碎片感。这些从本质上伤害了艺术的独立存在性，长此以往，对艺术本身的发展是极为不利的。

艺术直播彰显的问题自然不容忽视，但是不足以成为否定艺术直播的根本理由。我们需要根据直播发展的特点进一步调整艺术直播规范，以促使其健康良性发展。我们需要正视的是艺术在网络时代应当如何发展的问题，或者说应当如何去化解艺术在网络时代面临的挑战。

艺术直播在最近几年得到较快发展，同时也凸显了艺术面临的挑战。一方面，艺术如何突破长期以来高冷的小众化局面，从而获得更广泛的生命力是其生存面临的重要问题；另一方面，当前流行文化、大众文化发展极为迅猛，尤其是以大众媒体为基础的大众文化更是引领着时代潮流，对传统艺术的生存带来了极大的冲击。艺术如何更好地融入大众媒体时代，却又不丧失其本质特征，是需要重点考虑的。

第二节 网络直播的内容艺术

对于网络直播来说,选对了相应的内容,在很大程度上就成功了一半。但是,直播涉及的门类很多,同时门类之间的竞争也非常激烈,想"一夜收割用户"越来越不现实,因此对内容的选取和定位也是一门艺术。

一、直播的内容偏好

在全民直播时代,直播内容的繁盛让人们叹为观止。是的,还有什么不可以进入直播间进行直播呢?这样说,自然是对直播巨大威力的充分认可,但是在实际直播工作中,受制于其自身特点,网络直播也体现出明显的内容偏好。

任何传播都有偏向性。加拿大著名传播学者哈罗德·伊尼斯在传世之作《传播的偏向》一书中如此表述:"传播媒介对知识在时间和空间中的传播产生重要影响……某种媒介可能更加适合知识在时间上的纵向传播,而不是适合知识在空间中的横向传播……它也可能更加适合知识在空间中的横向传播,而不是适合知识在时间上的纵向传播……所谓媒介或倚重时间或倚重空间,其含义是:对于它所在的文化,它的重要性有这样或那样的偏向。"[1]

伊尼斯的见解无疑是深刻的。他在深入把握媒介性质的基础上,提出了时间偏倚和空间偏倚的重要概念,对大众传播结构产生了本质性影响。在时间偏倚和空间偏倚相关理论的基础上,伊尼斯还认为,人类传播媒介演进史,是一个由"时间偏倚"不断向"空间偏倚"发展的历史,体现了人类文明的进步。不过,伊尼斯的"传播的偏向"毕竟是媒介技术论下的产物,缺少对媒体内容的实际分析,因此对我们在这里谈论网络直播实践

---

[1] 哈罗德·伊尼斯. 传播的偏向 [M]. 何道宽,译. 北京:中国人民大学出版社,2003:27.

并没有本质性的借鉴意义。但是,我们可以循着伊尼斯的思路进一步思考,"传播的偏向"实质上折射出任何媒介在传播内容的选取上都有自身的特点和偏好,网络直播自然也是如此。

网络直播最终瞄准的是用户,因此不同类型的直播,在内容上必然有所偏好,这样才能满足用户的需求。

比如,在各种生活类直播中,网络主播对自己的日常生活进行直播,内容可以涉及商场逛街、户外活动甚至吃饭穿衣等。在韩国,最火的生活直播当属"吃播"了。由于韩国独居的人越来越多,不少人喜欢看这种直播,真可谓"吃货的世界你不懂"。当然,光会吃不足以成就一个好的主播,也不能打造一个很好的直播间。我国饮食文化渊源深厚,而且有"食不厌精,脍不厌细"的传统,因此主播在内容偏好上强化"精美+营养"就比较好,因为它能够满足很多人"好吃而且还不长胖"的心理诉求。这样的直播看上去才是一种真正的享受。

又如,电商类直播对大众日常生活影响最大,也最能得到用户的喜爱。但是,这并不意味着所有物品在直播间都是畅销火爆的。直播行业调查显示,用户的购物类型偏好中,衣物类占有最大比重,而食物类比重相对较小(图3-2)。出现这种偏好,首先是和直播的本质性特点有关的。主播在直播间介绍相关衣物的品质、价格等各种情况,再加上身材姣好的主播当场试穿展示,效果可以立马显现,真正是"人靠衣服马靠鞍",这可以极大地刺激用户的购买欲望。而食物类之所以占据比重相对较小,则主要是因为近些年被大众媒体屡屡曝光的食品安全问题产生很大负面影响,

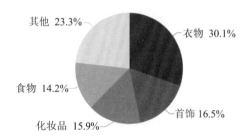

图3-2 2019 H1 中国直播平台用户在直播平台购物类型偏好分布
(资料来源:艾媒咨询)

人们更习惯于"眼见为实"地当面选择各种食物以求放心，而直播在这方面的呈现则有着明显的短板。

二、直播的内容定位

不同的直播平台、不同的直播间除了在直播内容上应当体现出相应的偏好外，在内容定位上也应当有明确的指向性。从本质上讲，我们需要根据相应的直播内容来锁定相应的直播用户。只有内容定位精准，才能得到用户的认可，增强用户黏性。

对于网络直播来说，内容定位就是根据用户的特殊需求，对内容进行相应的取舍，从而更好地满足用户的需求。任何一个直播间，在开设之初都应当明确自身的目的是什么，打算向哪些用户传播什么样的信息，也就是通过预设目标用户，完成自身的内容定位。如果做不到这些，直播无异于盲人摸象，或者只能接受"冲动的惩罚"。

一档网络直播节目，要完成其内容定位，一般涉及主播和用户两个方面。

主播应当选择自己熟悉的、喜欢的内容予以展示，切忌跟风。只有将自己熟悉的变成自己喜欢的，才能够游刃有余。正因为喜欢，才能在最初面对艰难的时候，抵抗一部分因为挫折而产生的消极情绪；也正因为喜欢，才能投入更多的时间和热情，让自己真正成为该领域的专家。如果盲目迎合用户、迎合社会热点或者跟风，最终只会让自己陷入被动。当然，主播也不能仅凭自己"一厢情愿"式的喜欢或者坚守，面对用户的需求，还是应当根据实际情况对相应内容进行适当调整。好的直播间往往是主播和用户在经历一段时间磨合之后合力打造的。

用户选择适合自己的直播平台也非常重要。从心理学的角度来审视，用户对相关平台的关注往往要经历"无意注意—比较关注—特别关注"这样的发展历程。最初用户"闯入"某直播间，即便不是"闲逛"，也往往带有极强的偶然性，属于"无意注意"。如果相关内容不太能够吸引自己，用户很可能从此以后就不再与其发生联系。如果相关内容比较对自己的胃口，用户就可能进入"比较关注"的状态。但是仅仅停留在这个层面还不够，因为不少用户成为相关直播平台或者主播的粉丝之后，也可能成为"僵尸粉"。只有主播风格和主播内容能够极大地吸引用户，用户才能成为"特别关注"的"铁粉"。用户当然也是参与内容定位的主要因素之一，可以通过相关方式向主播或者平台表达自己对内容方面的特殊需求，进而被主播或者平台接纳。

  同时，网络直播平台在发挥平台和主播自身优长的同时，要深切把握用户的心理诉求，进而进行相应内容的调整和规范，完成内容定位。比如，近些年一些平台推出的少儿编程课，其实就是平台和用户互动后在内容定位上不断调整和完善的产物，可谓内容定位的典范。在很多人看来，编程属于比较专业的、有难度的内容，但是网络平台推出的少儿编程教育，并不是提前将少儿培养成专业编程人士，而是旨在通过编程游戏启蒙、可视化图形编程等课程，培养孩子的逻辑思维和创新解难能力，因此得到诸多家长和少儿的喜爱。

  当前，大多数直播平台或者直播间都有自己明确的定位，那就是只做自己擅长的。一些"网红"主播也成为某些特定内容的形象代言人。无论是平台还是主播，只有找准自身的定位，才能更好地发展。

三、直播的内容管理

  网络直播在保证人气和流量的基础上，必须通过优质的内容来留住忠诚用户，因此，"内容为王"仍然是网络直播良性发展的不二法则。

  "用户至上""内容为王"，是做好网络直播的重要前提，但是两者在现实中往往并不尽一致。从内容艺术上讲，我们需要平衡好用户需求和内容展示之间的关系，因此，加强直播的内容管理也是非常必要的。

  首先，网络直播的内容必须在法律法规的框架内进行。针对互联网服务，除了相关的国家法律条文外，国家相关职能部门还制定了相应的管理规定对其予以引导和规范。这些都是网络直播必须遵守的。目前网络直播仍然处于快速增长期，但是相关的法律法规并不健全，而且体现出明显的滞后性，这使得直播内容上呈现出"乱象迭出"的状况。尽管"法无禁止均可行"，但是这并不意味着网络直播平台可以在相应法律法规的前提下

"为所欲为"。比如，如何避免纯粹以感官刺激为主的"三俗"，如何避免诱导青少年上瘾，等等。网络直播不是"戴着镣铐跳舞"，而是应当敬畏法律法规，将法律法规作为自己的"紧箍咒"，进而上升到自觉自愿行动，这样才能保证网络直播内容的纯净。

其次，网络直播的内容不能一味迎合用户需求。主播是网络直播的关键主体，是内容的创作者和传播者，应当自觉充当正能量的代言人，这样才能使得"净网行动"落到实处。网络直播应当从"颜值直播"向"价值直播"转型。网络直播面对的用户群体很多都是青少年，其世界观和价值观还在形成之中，网络平台和网络主播更应当做好相应的价值引导，切不可因为急于"收割韭菜"去有意识迎合用户而放弃社会责任。国家互联网信息办公室颁行的《互联网直播服务管理规定》明确规定："提供互联网直播服务，应当遵守法律法规，坚持正确导向，大力弘扬社会主义核心价值观，培育积极健康、向上向善的网络文化，维护良好网络生态，维护国家利益和公共利益，为广大网民特别是青少年成长营造风清气正的网络空间。"

最后，网络直播的内容管理还应当实行分级分类管理。内容管理是一门艺术。由于网络直播平台众多，涉及的用户更是非常复杂，采用"一刀切"的方式并不合理，分级分类才是理想选择。《互联网直播服务管理规定》指出："互联网直播服务提供者应当建立直播内容审核平台，根据互联网直播的内容类别、用户规模等实施分级分类管理，对图文、视频、音频等直播内容加注或播报平台标识信息，对互联网新闻信息直播及其互动内容实施先审后发管理。"当然，如何对直播内容进行分级分类管理，目前还没有统一的标准，需要直播平台根据实际情况进行灵活处理。同时，社会环境和用户情况也不断发生变化，这使得分级分类不可能一蹴而就，而应该成为一个不断动态调整的过程。网络直播的内容管理，永远在路上！

第三节　网络直播的形式艺术

网络直播之所以能够在短时间内吸引广大用户，首要原因在于它形式的新颖和灵活。在此基础上用户才会各取所需选择相应的内容。尤其是在"浅阅读"和"快餐文化"盛行的今天，形式的精美性和灵活性高低往往是决定内容是否能够得到认可的重要前提和指标。因此，注重网络直播的形式艺术，有利于助推网络直播的长远发展。

一、直播形式的新趋势

从传统直播走向网络直播，直播一直以丰富多样的形式吸引着受众。根据实际情况，传统直播有现场直播和演播室直播两种基本形式，丰富着大众对直播的认知。进入网络直播时代后，直播形式更是在相关技术和理念的支持下不断推陈出新，从而为直播效果增色不少。

总体上看，网络直播形式在近些年呈现出以下发展趋势。

首先是从定点直播走向移动直播。这一方面彰显了网络直播的投入成本在不断增加。在直播间进行定点直播相比在移动的场景里进行直播，其成本要小很多（有的甚至是"裸房式"直播）。毕竟，在网络直播的最初发展期，谁也不敢料想其光明无比的"钱途"。随着网络直播的快速发展，各种资本纷纷进入，使得网络直播获得更多的发展机遇，从而推动移动直播较快发展。另一方面，网络直播从定点直播走向移动直播也体现了传播观念的变化。如同"文似看山不喜平"，不断变化的场景会给直播用户带来更多的惊喜，增强直播效果。这是移动直播发展的内在动力。

其次是从解说型直播走向互动型、体验型直播。这种变化实际上也是传播观念变化的体现。最开始的网络直播由于急切地想得到用户的认同，因此多以解说型为主，但是这种"以传播者为中心"的传播形式并不能产生很好的传播效果。随着互联网的迅猛发展，网络用户也飞快成长，对直播提出了更高的要求。互动型直播更多考虑用户的使用体验，注重主播和用户间的沟通，从而增强了传播效果。随着技术的发展，互动型直播中的互动形式也将越来越多样化，且在形式上越来越注重用户的体验，从而牢牢抓住用户。

再次是从"网红"、明星直播走向"素人"直播。明星大多是传统媒体下的产物，"网红"则是网络时代造就的新式名人，他们都在社会上有着较大的影响力和丰满的"人设"，对大众有着较强的引导性和示范性，由他们担任主播的直播，自然会有较高的人气。随着网络直播的快速发展，不少社会上从未有过主播经验的草根人士也纷纷加盟直播领域，从而打造出"素人"直播。"素人"直播使得网络直播风格更加丰富多彩。同时，随着诸多网络平台的发展，不少参与直播的"素人"主播，也纷纷晋级为新一批"网红"，进一步丰富着直播队伍。

最后是从二维呈现走向立体呈现。近些年电子技术发展非常迅猛，以至于一些大型的直播活动往往变成技术和设备比拼的舞台，这对网络直播的发展产生了相当大的助推力。目前大多数网络直播还只是采用一般摄像头进行二维呈现，但是走向三维立体呈现将是网络直播未来发展的必然趋势，比如VR技术就是一个新的亮点（图3-3）。VR（Virtual Reality）即虚拟现实，"是一种可以创建和体验虚拟世界的计算机仿真系统，是一种多源信息融合的交互式的三维动态视景和实体行为的系统。它利用计算机生成一种模拟环境，是一种更为前沿的体验新技术"[①]。VR技术将开启网络直播的新篇章。

图3-3　全景相机将推动VR直播的发展

二、让直播形式更理性

对于网络直播来说，形式最终是为内容服务的，因此需要把形式放在合

---

① 魏艳. 零基础学短视频直播营销与运营［M］. 北京：化学工业出版社，2020：145.

情合理的位置上，实现形式和内容的统一。过于注重形式，则可能因为过度追求新鲜感而导致本末倒置；而以"内容为王"忽视形式，则可能将很多真正的用户拒之门外。因此，让形式更理性，是强化直播形式艺术的前提。

如何让直播形式更理性？

首先，应当坚持形式为内容服务的基本原则。再好的形式，如果不能和内容对接起来，即便在短时间内获取大量人气，也不能长久。因此，如果只在形式上下功夫，不在内容上深耕，那么形式即便灵活多样，也注定只能是昙花一现。形式理性的前提是用户越来越理性。随着国民网络素养的全面提升以及网络直播竞争的日趋激烈，用户对网络直播的理解也越来越深刻，对直播平台的使用也越来越理性，这必然要求直播平台在内容优先的基础上追求形式创新。当下，不少课程类直播平台为了吸引孩子，策划了不少游戏以及送金币等刺激环节，而且各种互动游戏环节越来越多。这的确能够让自控能力相对有限的孩子大呼过瘾，但是对于课程类直播的长期发展并无好处。课程类直播虽然是面向孩子的，但是家长才是决定性因素。家长的"现实功利性"决定了他们必然不可能容忍课程类直播变成电子游戏场，而且课程类直播变成电子游戏场也违背了其基本的内容定位和直播初衷。

其次，应当坚持形式内外有别的基本原则。比如，从直播的场所来看，当前直播可以分为定点直播和移动直播两种基本类型。定点直播更多的是在室内进行，移动直播更多的是在户外和相关场景结合起来进行。内外有别，自然对直播的技术形式和呈现形式有不同的要求。这和买车是一个道理。经常在市区用作代步工具的车辆往往是轿车，而越野爱好者则更愿意选择 SUV。如果不能用变量思维来对待不同的直播，不考虑用户的实际情况，那结局一定不怎么美妙。坚持直播形式的内外有别，就是要结合直播内容、直播定位以及用户的基本特点对形式呈现进行精心选择设计，这样才能真正做到将形式融入内容之中。

最后，应当坚持自我特色基础上的长线发展原则。网络直播的形式虽然多种多样，但并不是每一种都适合自己。每一档成功的网络直播其实都有自己的独门绝技和看家本领，无论是在内容上还是在形式上都有其可圈可点的地方。这启发我们，要想真正在"直播江湖"上立足，一定要强化和坚持自我特色，切不可一味跟随潮流或追逐新技术和新形式，更不可直接将别人成功的经验拿来简单复制，而是应当经过理性过滤，选择最适合自己的直播形式。唯有如此，才能保证直播的长线发展。

三、让直播形式更艺术

从艺术的角度来审视网络直播，决定了网络直播在形式和内容上都应当体现出相当的艺术水准。

直播形式虽然多种多样，但是都是为直播效果服务的，因此，它们都有一个基本的评价标准，那就是艺术感。定义卓越出众尺度的，永远是审美。从审美的角度来审视网络直播的形式，会为其增加更多的艺术含量。网络直播追求形式的多样性，实际上还是为了保证直播的效果和直播的艺术含量。

在直播初兴时期，吸引广大用户的是直播的即时性这一鲜明的特点，它使得直播成为大众日常生活中随处可见的传播方式，真正从先前的"庙堂"走向"乡野"。简单的直播仅仅只是一个主播加上摄像头，其他方面似乎并没有那么讲究，仿佛人人皆可为之，这在一定程度上使得不少人轻看了直播形式的艺术成分。随着竞争的加剧以及直播内容的更加丰富，越来越多的直播节目采用户外移动直播的方式来进行。但是，移动直播并不只是让摄像机简单跟随主播展现相关内容即可，而是需要充分考虑到直播形式和场景的高度融合，创建嵌入式和体验式的互动环境，开启直播的新天地。这种直播形式和场景的高度融合，就需要诸多艺术技巧。在众多的网络直播节目中，尽管各有其生存之道，但是真正能够吸引广大用户，在大众中叫好又叫座的节目还是屈指可数，这说明形式的艺术感和内容的充实感之间的融合并不是一个简单的叠加问题，更是一个深层次的审美问题。

如何让直播形式更具有艺术感？尽管每个人对此的看法不尽一致，对艺术感的评判标准也不尽相同，但是只有让形式为内容服务，而且让广大用户对形式的技巧"熟视无睹"，感受不到"违和感"，才能成就艺术感。

第四节　网络直播的效果艺术

对于网络直播这个新生事物来说，保证直播效果是其生存之道。在实际操作中，影响直播效果的因素很多，因此，效果艺术具有相当丰富的内涵。

一、直播效果的基本原则

效果是指在给定的条件下由相关动因促成或者行为实施而产生的系统性的或者单一性的结果。从向善的角度出发，不管是基于何种动因或者采取什么行为，都是希望有一个好的效果。因此，尽管从词源学的角度来考察，效果是一个中性词，可能好，也可能不好，可能积极，也可能消极，但是在现实生活中，效果是一个趋向于正面、积极的词语。对于网络直播行为来说，其就是希望通过各方面的合力，保证直播效果。

直播效果的基本原则就是社会效益和经济效益的统一。只注重社会效益，不重视经济效益，只能让网络直播裹足不前；而只注重经济效益，忽视社会效益，也不能让网络直播行高走远。此外，对于网络直播来说，不能停留在既有社会效益和经济效益的层面上，更应当体现两者的均衡发展。

从本质上讲，向大众传播正能量，做好正确的价值引导是网络直播的应有之义，更是网络直播需要恪守的基本原则，这也是保证网络直播节目的社会效益的重要前提。对于网络直播来说，其社会效益大致包括传达正确的价值观、传播社会正能量、维护社会公信力、维护社会公共利益、推动社会和谐稳定等。由于网络直播具有较好的观赏性，它适应人群特别广，老少皆宜，比起微博、微信更易于传播，如果在导向上出现了偏差，或者在传播内容上选取不当，就会带来严重的后果。

网络直播的社会效益虽然不能量化，但是总体上可以如此理解：人们的合法权益，不能因为受到相关网络直播节目的影响而遭受损害。当前，除了少数人因为部分网络直播节目的导向或者教唆在现实生活中遭遇经济损失外，网络直播节目对人类造成的负面影响，主要体现在生理和心理层面上。

有些直播节目片面追求流量数据，不断挑战大众的接受底线，出现了严重的庸俗、恶俗和媚俗倾向，集中迎合少部分人的低级趣味，放大人性的弱点和阴暗面，产生了极为不良的社会影响，这是需要人们格外警惕的。

通过合理合规的手段获取相应的经济效益，是网络直播节目的应有之义。这些年，网络直播发展非常迅猛，就是因为很多人看到了其中巨大的商机。当前，网络直播的盈利模式比较多，比如广告植入、粉丝打赏、品牌代言、带货销售等，都产生了可观的经济效益。这些都是根据网络直播的特点对其经济属性的合理开发，是"直播经济"大家庭的重要构成。经济效益在很大程度上成为网络直播良性发展的重要因素。当然，随着网络直播的快速发展，"直播经济"面临着极大的竞争压力。部分网络直播平台采用一些"非常规"手段，在一定程度上破坏了商业的共同法则，是需要特别警惕和注意的。

二、直播效果的制约因素

网络直播的效果应体现在社会效益和经济效益的结合上，更应体现在社会效益和经济效益的均衡发展上。但是在实际工作中，网络直播或者重经济效益轻社会效益，或者重社会效益轻经济效益，存在明显的失衡性，使得直播整体效果受到很大影响。

对于网络直播整体效果的制约因素大致可以从以下一些方面来理解。

其一，顶层观念制约。网络直播需要在顶层设计上理顺社会效益与经济效益的辩证关系。或者偏重社会效益，或者过于强调经济效益，都可能导致两者关系失衡，最终直接影响直播效果。

其二，创新意识制约。当下网络直播竞争非常激烈，但是创新意识不足，其中的佼佼者更是相对有限。一旦某个平台脱颖而出，其他平台就纷纷跟风效仿。这种做法使得不少直播创意的生命周期极为短暂，最终影响到整个行业的发展。

其三，媒介素养制约。从本质上讲，网络直播对从业者的媒介素养提出了很高的要求，但是在现实生活中，很多人认为直播的技术门槛和观念门槛都很低，这使得不少媒介素养较低的人也纷纷加入直播行列，导致网络直播乱象频发，严重破坏网络环境。

其四，技能操作制约。在网络直播的发展中，我们依然强调"内容为王"，但是它本质上首先是一个技术创新，因此，直播效果受到技能操作的极大制约。比如室内定点直播，其直播效果就受到布景、光线、配色等多个因素的制约。

以上是将网络直播作为一个行业整体来审视其效果，如果具体到某个直播平台或者直播间的效果评判，其影响因素则更多，需要根据具体情况具体分析。

三、直播效果的艺术规律

要保证网络直播的效果，我们需要深入把握其内在的艺术规律。具体说来，网络直播的整体效果，会涉及以下艺术规律。

其一，社会效益和经济效益的均衡发展。前文论述了直播效果的基本原则，即社会效益和经济效益的统一，如果从艺术规律的角度来看，则需要更进一步，即体现社会效益和经济效益的均衡发展。所谓均衡发展，是指社会效益和经济效益占有同等重要的地位，这样才能真正把社会效益和经济效益落到实处。在保证社会效益和经济效益均衡发展的同时，网络直播应当树立长远利益观，以社会效益来带动经济效益，进而双效合一推动行业发展。

其二，技术至上和理念至上的完美统一。传播技术对网络直播的发展起到了至关重要的推动作用，因此一段时间内满屏都是"技术秀"，似乎唯有技术才能为直播的长期发展保驾护航。但是，光有技术没有相关内容做保障的话，直播最终可能只是昙花一现。在相关传播理念的推动下，精耕、深耕内容才是网络直播发展的底气。我们只有将技术至上和理念至上统一起来，才能保障直播的整体效果。

其三，短期突围和长期发展的协调统一。在网络直播竞争越来越激烈的当下，部分直播平台采用剑走偏锋的方式实现短期突围，从而保证一定的传播效果是可以理解的。但是，从整个直播行业发展来看，则需要探寻长期发展之道以保证其良性运转。比如我们谈及的"内容为王"的基本原则，要求在保证社会效益的同时合理开发经济效益，对网络直播行业在保证效果基础上的长期发展有重要意义。

第四章
网络直播的商业属性

近年来网络直播得到迅猛发展，一方面是因为传播技术和传播理念的联合推动，另一方面则是它自身强大的商业属性所致。以商业属性的角度来审视网络直播，大致可以从其目前的盈利途径——内容和用户两个层面来把握。具体而言，强大的粉丝群体和用户体验是网络直播经济发展的原动力，精心打造的内容展示和产品销售则是网络直播经济发展的根本保障。

第一节　网络直播的吸粉模式

粉丝是网络直播赖以生存和发展的原动力，因此，各大直播平台都纷纷使用了"吸粉大法"。从某种程度上讲，粉丝群体越大，直播经济效益可能就越显著，其中，直播平台最直接的经济行为就是流量分成或者用户打赏。

一、粉丝为直播保驾护航

粉丝（fans）作为一个外来音译词，最开始出现在网络上，实际上就是"追星族"的意思，即对虚拟的或者现实中存在的明星、艺人或者事物表现出强烈崇拜和追捧心理的一种社会群体，在现实表征中体现出趋同性（专一性）并有相当的狂热性，大多数为年轻人。尽管崇拜明星在我国由来已久，但是在二十世纪八九十年代"追星族"文化的影响下，社会上对"粉丝"群体产生了明显的刻板印象。他们由于为自己喜爱的对象过度消费和无偿付出，在某种程度上被人们视为"疯狂""低俗""幼稚"，粉丝文化也因此成为一种与主流文化对抗的亚文化。随着大众文化的兴盛，尤其是网络文化的推动，粉丝早已经祛除了其中的贬义和歧视，成为一个中性词，并在一定程度上具有可爱、忠诚等褒义色彩。从理论上讲，每个人都可以成为他人的粉丝，都可以为他人"打call"，也可以拥有自己的粉丝。尽管如此，粉丝的非理性行为依然屡屡为人们所诟病，这也是我们谈论粉丝文化、粉丝经济时需要特别注意的。

在网络文化的大力推动下，粉丝群体虽然仍以青少年群体为主，但是已经不限于这一群体，大有"全民皆粉"的趋势。对于网络直播来说，粉丝群体是一股不可小觑的力量,他们不仅仅是其偶像或者崇拜对象的拥趸,还是拥有更大的主动权和话语主导权的人群,甚至在一定程度上可以通过打榜、内容付费等多种方式决定网络平台的生死。可以说,在互联网时代,粉丝以及粉丝文化的重要性和商业价值前所未有地凸显出来。

粉丝作为一个网络热词虽然历史并不长,作为一种现象或者文化却有较长历史。从发展流变来看,粉丝群体的发展大致可以分为三个阶段:信息单向传播中的受众型粉丝,也就是我们所说的忠实的受众群体;市场变革影响下的消费型粉丝,具有狂热而单向的特点;媒介变迁背景下的互动型粉丝,当下的网络直播平台的粉丝群体就属于这一类。互动型粉丝由于和偶像之间存在相应的"市场关系",虽然依然具有狂热和非理性的特点,但是专一性明显不如以前强。由于对偶像有了更深切的了解和"近距离"的接触,再加上网络红人的不断出现,粉丝群体面临的选择也更多,随时可能"脱粉"。从这个层面上看,粉丝的主体性大大超过了先前时期。留住粉丝就成为各大网络直播平台的重要工作。粉丝成为为直播平台保驾护航的重要力量。粉丝群体的多少在某种程度上甚至成为决定网络平台生死的重要指标。

当前网络直播的粉丝群体大致可以分为"主播粉"和"内容粉"两种类型。所谓"主播粉",是指被网络主播的个人形象、主持风格乃至人格魅力等深深吸引,从而紧紧追随主播的用户群体。网络主播可能是传统媒体中明星向网络平台的延伸,也可能是网络平台造就的网络红人。所谓"内容粉",是指为直播平台的相应产品或者内容所吸引,从而密切"关注"并有实际的支持语言和行为的用户群体。"内容粉"的出现是网络直播"内容为王"的体现。在直播平台中,"主播粉"和"内容粉"并不能完全分开,或者说两者可以相互影响、相互转移,且都在为直播行业的发展保驾护航。

二、有效提升直播影响力

在社交媒体普及之前,粉丝与偶像相隔千山万水,"我喜欢你与你无关",粉丝的崇拜或者喜爱并不为偶像方所知晓,很难得到偶像方的回应,具有明显的单向性。在新的媒介环境下，粉丝的选择权和话语权日渐重要，成为一股不可忽视的力量，他们能够"pick"爱豆①并为其出道助力，甚至直接影响经纪团队、网络平台的决策。从最初的仰望偶像到当下的围观偶像，从单一性地追逐偶像到参与和经营偶像生活，粉丝心里也慢慢生出了一种新情愫，即通过养成式追随获得满足感。

粉丝群体都是由一个个实体的人所构成，每个个体的时间和精力都非常有限，因此在直播平台的选择上往往并不能兼而有之，这意味着直播平台或者直播间之间存在明显的竞争关系。粉丝数量决定了直播流量，也极大地影响到直播的效果，同时关系到在线消费乃至线下实体消费，因此各大直播平台纷纷祭出自己的"吸粉大法"，甚至有的平台还推出"涨粉利器"，以求有效提升直播影响力。"吸粉"是"吸引粉丝"的简称，就是指增加粉丝数量、吸引人气，从而提升知名度和获取关注度。

当前，各大直播平台的"吸粉""涨粉"方式多种多样，大致可以分为以下几种。

其一，通过名人引导来"涨粉"。对于网络直播来说，名人主要包括知名主播和新晋"网红"两种，他们已经通过大众媒体获得较高的知名度，并在直播平台得以延续。他们入驻相关直播间，自然会将先前的人气带进来，转化为可以量化的粉丝群体。当然，即便是名人或者"网红"，也不可能将所有用户"一网打尽"，他们往往在直播间通过互动、发放红包或者金币等各种方式留住"不期而入"的用户，并尽可能将他们转化为粉丝。

其二，通过刚性内容来"涨粉"。对于一些刚推出的直播节目来说，最开始人气不旺、粉丝较少是非常正常的，如果能够坚持"内容为王"的基本原则，持续推出有质量的、风格相近的内容，也能够逐渐获得用户的认同，从而拥有"铁粉"。当然，考虑到专业知识过于高冷，仅依靠专业知识来获得大量粉丝不太现实。当前依靠内容"涨粉"主要体现在三个方

---

① pick 是一个网络流行词，意思为"挑选、选择"，最初源自综艺节目。爱豆，也是网络流行词，为英文 idol 的音译，意为"偶像"，最初来源于日韩两国对年轻偶像的称呼。

面,即或者是进行实用知识分享,或者是搭上各种社会热点的便车,或者是分享经验和故事,即通过故事讲述大道理,从而打动用户。

其三,通过平台互换来"涨粉"。平台互换本质上是一种利他思维的体现。"利他"本来是佛教用语,即给予他人方便和利益并不求回报,是一种自觉自愿行为,是与"自利"相对应的一个词语。事实上,如果考虑问题总是以自我为出发点,难免显得急功近利,同时效果也并不见得好。利他思维表面上看是帮助别人、成全别人,而自己并没有得到直接的利益,但是从长远看,一定会取得"投我以木桃,报之以琼瑶"的效果,因此本质上是一种互惠思维。同样,如果我们用自己的平台来推荐别的直播平台,别的直播平台也可能推荐我们的平台,如此一来,就形成平台互换,最终是双赢,双方都能达到"涨粉"的目的。

其四,通过各种活动来"涨粉"。再好的直播平台或者直播间,如果不进行适度的推广,也只能是"养在深闺人未识"。在现实生活中,借助一些活动来有效推广直播平台,也可以产生"涨粉"的效果。对于用什么样的活动来推广,见仁见智,但是总体上讲,需要重点考虑三个问题:首先是活动的程序需要自然而得体,其次是活动的目标对象要精准,最后是活动的内容需要和直播平台对接起来。

其五,通过人际传播来"涨粉"。粉丝群体无论多么强大,最终还是由一个个单个的人构成的。每个人都有自己的喜好,也都有自己的朋友圈,朋友之间有着基本的信任度,如果向自己的朋友推介自己认可的直播平台或者直播间,目的和对象都比较明确,就会产生明显的作用。同样,从自己到朋友,再到朋友的朋友,这种人际推介传播就会产生裂变形成病毒式传播效果,实现"涨粉"的目的。当然,朋友之间的信任度不可滥用,如果过度透支的话,最终只能是得不偿失。当前,不少借用朋友圈来进行"投票""点赞""砍价"的行为让人反感就是这个道理。

对于网络直播来说,借助合理的手段来"吸粉""涨粉"从而有效提升影响力是应有之义。但是如果为了"吸粉""涨粉"而不择手段,最终只能是自断"财路",甚至还可能受到法律法规的惩处。

三、有效提升粉丝日活量

粉丝是保证网络直播有效传播的重要保障,因此,各大直播平台或直播间都在"吸粉""涨粉"上动了很多脑筋,也取得了较好的成绩。现在不少直播平台或者直播间动辄宣布有几百万名粉丝,数字的确可观,成绩非常骄人,但是这一定能保证直播效果吗?不见得!因为在庞大的粉丝群中,有不少粉丝属于"僵尸粉",也就是说他们自从"关注"之后,基本上没有参与直播间的任何活动,早已经把直播间忘记了。这类粉丝对直播来说没有任何意义。因此,只有有效提升粉丝的日活量,增强用户黏性,将"僵尸粉"有意识地转化为"活跃粉""死忠粉",才能保证直播效果。

所谓"日活量",简单来说就是每日相对比较活跃并积极参与直播活动的粉丝数量。诚然,即便已经成为相关直播平台的粉丝,但是由于个体的差异性以及日常工作和生活的影响,他们不可能时时在线参加活动,因此,只有采用必要的手段保证每场直播都有一定数量的活跃粉丝,才能使得直播效果有保障。

其一,了解用户情况。用户基于各种各样的原因成为相关平台的粉丝,具有相当的偶然性,能"加粉"也可能"脱粉"。只有更加精准了解用户对直播平台的需求、用户的偏好等,才能强化他们对平台的认同,从而增强其黏性并令其积极参与相关活动。

其二,提高内容质量。用户成为相关平台的粉丝,表明他对平台的相关内容还是充满期待的。因此,对于平台来说,提高内容质量应当是永恒的追求。用户只有从平台不断得到获得感,才会经常互动,长期下去,活跃度自然就很高了。坚持以内容为王,不断深耕、精耕内容,自然能够得到相应粉丝的认同。

其三,提供优质服务。用户或者给平台带来流量,或者在直播间为主播打赏,或者直接在平台购买相关产品,都是出自对平台的认同,是心甘情愿的行为,这是在粉丝对平台提供的优质服务认可的基础上体现出来的。本质上讲,直播是个服务行业,进入直播间的粉丝则是前来"消费"的顾客。为顾客提供优质服务是应有之义。

其四，优化互动方式。要留住粉丝并让他们在直播活动中活跃起来，相应的互动方式必不可少，这是强化粉丝参与感的重要手段。比如鼓励粉丝每日签到打卡换取相应的积分或者现金奖励，这是常规做法，依然被很多平台使用，这表明该做法还是有效果的。又如，主播对粉丝相关问题的及时回应，让粉丝感受到被尊重，也能使粉丝对直播间产生相应的认同。互动方式应当灵活多样，而且针对不同的直播风格，应该采用不同的互动方式，这样才能让粉丝有"宾至如归"的感觉，从而留下来。

第二节　网络直播的广告植入

广告植入也是网络直播获取经济收入的重要手段。这种方式最开始在传统影视剧和网络剧中有较为成熟的操作，如今在各种网络直播中也随处可见。粉丝对直播节目认同，自然而然会对其中植入的广告留有印象甚至印象深刻，从而提升相关产品的品牌影响力，这也是不少广告商家愿意投资直播平台的重要原因。

一、直播节目的广告冠名

如果你对电视综艺节目《中国好声音》感兴趣的话，一定对主持人华少印象深刻。在节目开场白中，华少将几个《中国好声音》的赞助品牌表述得清清楚楚，语速超快却又吐字清晰，的确让人叹为观止。我们在这里想说的并不是华少的表达技巧，而是广告冠名对一档节目来说是多么重要。广告冠名一项，就给《中国好声音》带来几亿元的收入，让人见证了大众媒体时代综艺节目超强的吸金能力。

"冠名"是一种特殊的广告形式，一般是指企业为了达到提升企业、品牌、产品知名度和影响力而采取的一种阶段性宣传策略，在传统媒体的报纸、广播、电视中使用较多，一般都是针对相关的节目（版面）而言。

网络直播的迅猛发展，赢得不少商家的密切关注，广告冠名也开始介

图 4-1 青岛啤酒入驻汪涵直播间《向美好出发》

入。比如著名主持人汪涵在淘宝网开播的直播带货综艺《向美好出发》,就是由青岛啤酒冠名播出的(图 4-1)。广告冠名,使得直播平台获得相应的广告收入,而商家也因此获得更高的知名度,对产品的销售也可能带来极大的推动,可谓双赢。

广告冠名的具体呈现,或者是在直播间的封面上予以醒目标注(品牌名称或者 LOGO),或者是在直播现场以铭牌甚至实物的形式予以展现,网络主播也不时以口头语言的方式提醒用户:"这里是由××品牌冠名播出的……"总之,既然获得了广告冠名,直播间就会以各种方式来展现。

当然,并不是每一个直播间都能吸引商家予以冠名。商家只有看到商机,才会掏出"真金白银"。因此,直播间的人气是商家决定是否进行品牌冠名的重要因素。当前,网络直播发展迅猛,但是被用户高度认可而且具有长久生命力的直播间相对有限,因此网络直播在吸引品牌冠名方面还有很长的路要走。

二、场景化下的广告植入

网络直播仍然在发展之中,而且竞争非常激烈,因此,能够有机会获得广告冠名的是少数,大多数平台或者直播间通过场景化下的广告植入获得相应的经济收入。

场景原本在戏剧影视中使用比较频繁,主要是指在特定的时间和空间内发生的有一定任务行动或是因为人物关系所构成的具体的生活画面或者情境。随着互联网的快速发展以及大众参与度的逐渐提高,网络场景也逐步形成。美国著名网站主持斯考伯等人在《即将到来的场景时代》中给我们描绘了"场景时代",并指出"移动设备、社交媒体、大数据、传感器以及定位系统"是其五大技术力量,可以称为"场景五力"①。

媒介化形态的场景,就是"人与人、人与环境、人与事物之间,乃至人和具有人工智能的机器等人工物之间,基于新的信息与媒介技术,可以虚拟或真实地融合实现智能性'超链接',并在社交平台进行多方互动的数字化情境"②。当前的网络直播的主播与用户隔屏对望,从物理世界的角度来看,这不具备构成场景的因素,但是数字化情境使得"场景"成为可能。在这种具有虚拟性的场景化中,主播与用户以一种的新的方式进行"面对面"的互动,为广告植入创造了条件。比如,在相关游戏直播节目中,除了使用虚拟货币购买相关的产品设备外,一些商家更是将实体产品直接在直播间里进行推介,从而吸引玩家进行购买。产品推介和游戏场景往往结合在一起,因此会产生直接的效果。又比如,在一些以艺术欣赏为主打内容的直播节目中,主播进行相应的讲解,随机植入与之相关的艺术产品,也会有相应的效果。

在某年"双十一"的直播活动中,一家锅具企业想在直播间推广自己的不粘锅产品,但是商家并没有直接采用直播带货的方式进行,而是让主播在直播间直播做饭,在做饭的过程中顺便介绍自己使用的不粘锅,并且在直播做饭的过程中告诉大家一些使用小技巧。这场直播的主要场景就是做饭,并没有让人感觉是在特意卖产品,但是用户在欢乐的气氛中能真实地感受到这款不粘锅的优点,结果这款不粘锅销量在短时间内非常高,一度还卖断货。这可以说是场景化下广告隐性植入的典范之作。我们做一个假设,如果没有现场做饭这一场景设置,即便请一个网红主播直接介绍产品并进行叫卖,也未必能够吸引广大用户去购买,毕竟每个家庭都不缺做饭的锅。同样,在直播间里,美女主播也可以通过现场化妆演示,让用户在学习相关化妆技巧的同时,了解到相关品牌化妆品的实际效果,自然会带动有着爱美之心的

---

① 罗伯特·斯考伯,谢尔·伊斯雷尔. 即将到来的场景时代 [M]. 赵乾坤,周宝曜,译. 北京:北京联合出版公司,2014:11.

② 阎峰."场景"即生活世界:媒介化社会视野中的"场景"传播研究 [D]. 上海:上海师范大学,2018.

用户踊跃购买。

场景化广告植入，充分考虑到用户的心理状况和现实需求，而且互动性强、应时应景，往往能产生立竿见影的效果。

三、主播直接为品牌代言

当前，网络直播中更为常规的广告行为则是主播直接为相关品牌代言。当然，并不是所有的网络主播都具有为品牌代言的实力，目前这种行为大多还是聚集在一些明星主播和"网红"主播身上（图4-2）。从商家规避风险的角度出发，他们也愿意选择明星代言人。可以说，"知名主播+知名品牌+网络直播"已经成为直播经济的又一个重要体现。

图 4-2　商业代言艺人数及艺人平均合作品牌数
（资料来源：艾漫数据）

主播为品牌代言和带货直播虽然有一定的类似之处，比如都会起用有一定知名度的主播参与其中，都会促进相关产品的销售等。但是，两者之间的差异更加明显。首先，两者所直播的内容不一样。主播为品牌代言，所代言的品牌往往已经拥有一定的知名度，"知名主播+知名品牌"的组合会在直播间获得更高的人气，是对品牌知名度的进一步提升，自然也可以带动相关产品的销售，但是更着眼于长远的发展。带货直播的主播可能是"网红"主播，也可能是地方官员，还可能是相关产品的生产者等，情况构成更为复杂，同时目的更加明确直接，那就是尽量把相关产品（不少为销售渠道相当有限的农产品）卖出去。其次，两者的行为性质不一样。主播为品牌代言是一种纯粹的商业行为，而带货直播很多时候是一种公益行为。最后，两者面对的用户不一样。主播为品牌代言，大多数用户是冲着主播而来，即所谓"粉丝"。而带货直播中的用户，除了部分是主播的粉丝外，更多的还是希望能够以实际行动支持相关农产品售卖的社会爱心人士。因此，对于用户来说，前者可谓是偶像消费，后者则可以视为爱心消费。

主播在其代言品牌的直播活动中，在强化品牌效应的同时，更多的是对产品的质地、功能、使用方法等进行全方位的介绍，同时现场回应用户提出的各种问题，以互动沟通的方式增进用户对品牌的了解和认知。为了提高用户的认同度，很多时候主播还会对代言的品牌商品进行现场的试用、试穿、试吃等体验行为，并通过多角度形象的展示、夸张的动作和表情等来达到效果。

值得关注的是，主播为品牌代言的直播中，化妆品和洗浴产品占据了相当的比重（图4-3），因此用户大多数均为中青年女性。在这种情况下，不少男性主播代言化妆品甚至是女性用品。对于这种现象，大致可以从两个方面来解释：其一，广大的女性消费市场让众多的男性主播看到其中的"流量"和"钱途"；其二，男性主播代言女性用品，在某种程度上是对用户猎奇性心理的迎合。

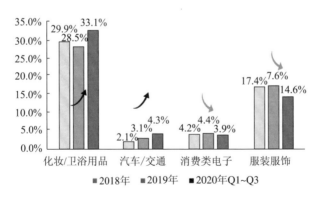

图4-3 流量明星代言品类逐年分布
（资料来源：艾漫数据）

第三节　网络直播的游戏体验

直播要发展，需要很高的人气，这是它的生存根本。一些直播节目为了更好地吸引用户，在节目中间特意设置相应的游戏互动和游戏体验。游戏互动和游戏体验是提升网络直播经济效益的重要手段之一。

一、游戏是互动的重要表现

网络直播和传统直播最大的不同就是主播可以通过和用户的互动来增强直播间的人气，进而通过人气提升社会效益和经济效益。

网络直播中的游戏体验自然不能等同于游戏类直播。游戏类直播节目是以现场游戏为主要内容，由资深游戏玩家进行游戏示范，用户前往围观或者打赏，也有部分游戏类直播是平台举办的各种电竞比赛等，用户可以进而参与其中。由于互联网用户的年轻化特征，各种直播游戏对青少年形成极大的吸引力。而直播中的游戏体验和互动只是直播活动中的一个小环节而已，主要用来聚集人气、调节氛围等，进而强化其经济特性。

互动有各种各样的手段，但是游戏是其中的重要表现之一。之所以如此说，是因为游戏在人类生活中占有重要地位，大致可以从以下几个方面去理解：其一，游戏符合人类的天性，学术界甚至还有"艺术起源于游戏"[①]的说法，即便是现在很多看上去"高大上"的综艺节目的相关环节，也是人类童年时代游戏的再现和还原；其二，游戏适合网络呈现，随着时代的发展，各种电子产品极大地丰富着大众生活，而网络游戏的低经济成本以及变化多端更是让诸多人参与其中；其三，电子游戏是当今时代不少人释放精神压力的重要手段。

在实际直播中，可以使用的游戏互动方式比较多。比如举行有内涵的

---

① 该观点先后由德国美学家席勒和英国学者斯宾塞先后提出，因此被人们称为"席勒-斯宾塞理论"。他们认为艺术是一种以创造形式外观为目的的审美自由的游戏，早期的艺术是人类过剩精力发泄的产物。

脑筋急转弯游戏活动，配上适当的竞赛奖励，就能够吸引很多用户。每一个参与其中的用户，在获得快乐的同时还可能赢得小礼物的奖励，的确能够被激发参与热情。又如，进行有奖竞猜，提供相关信息猜歌名、猜影视剧名等。年轻用户对流行音乐、流行影视剧比较熟悉，这种竞猜一方面可以体现满满的年代感，唤起大众的集体记忆，另一方面也的确让大众增长不少知识，强化自身的"艺术范儿"。同时，随着技术的发展，视频用户的要求越来越高，他们开始追求更高的视觉体验，以前的游戏和电影通过 3D 技术实现立体视觉效果，现在则通过 VR 技术让用户体验更加真实的虚拟场景。我们也可以尝试将 VR 技术运用到直播的游戏互动中，从而实现更好的互动效果。

游戏的形式多种多样，但是都应当以刺激用户的参与和体验为前提，以提升直播间的人气和吸引力。同时，我们还需要把握的是，任何游戏都应当以健康、快乐为基本前提，切不可为了游戏而游戏，更不能将庸俗、恶俗的游戏引入直播间，否则无异于"饮鸩止渴"。

二、游戏当内化为内容构成

我们强调在直播活动中不能为了游戏而游戏，不能人为地将游戏环节和直播内容分开，而是应当将游戏内化为直播内容的重要构成，不会使用户感到突兀，这样一方面可以激发用户的参与热情，另一方面则可以保证游戏互动的效果。

最近几年，网络剧比较火爆，吸引了不少商家投放广告。网络剧广告除了沿用传统的手段之外，还有一种就是根据剧情的大致思路，由剧中主要演员以剧中的角色来完成广告制作和游戏设置，可谓是一种很大的创新。这种做法把握了几个关键点：第一，广告、游戏情节和剧情有着内在的关联性；第二，广告和游戏演员全部沿用剧中演员的角色，并且不做改动；第三，广告和游戏是在剧中间歇进行投放，实现与剧情的完美契合。网友在沉浸于剧情时，可能就不知不觉地接受了广告内容或者游戏内容，从而实现了传播效果的增强。这种做法对于网络直播有较多启发。

要将游戏内化为直播的内容构成，需要把握以下几点。

其一，游戏内容要和直播内容体现一定的关联性。游戏的目的是聚集人气、活跃气氛，进而提升用户对直播内容的认可度。如果硬性播出或者推介相关内容，必然影响传播效果。如果能够通过游戏环节顺利进入直播的主要内容，自然就能提高用户对内容的认可度。游戏内容要和直播内容无缝对接，是在进行相关操作时应当树立的重要理念。

其二，游戏形式要和直播风格体现一定的协调性。游戏形式多种多样，既有参与体验式，也有旁观欣赏式，既有动态型，也有静态型，不一而足。主播可以根据自己的喜好和用户的特点来进行游戏形式的选择和设定，但是游戏形式最终要和直播风格对接起来，体现出协调一致性。比如一场以欣赏为主要风格的直播，就不宜使用动感十足的游戏形式；而体验性极强的直播，也不宜采用知识问答等偏静态型游戏形式。

其三，游戏环节的呈现可以随直播内容分阶段进行。直播节目都有一定的时长，要想让用户长时间驻足围观或者参与，就有必要将游戏环节以阶段性的方式呈现，从而保证直播效果的整体性。在传统的大时段广播电视节目中，分版块是其常规手段，而对于影视剧来说更有著名的"钩子理论"，即每五分钟都应当打造一个小高潮，从而吸引"欲罢不能"的观众，防止出现"溢流"。这种做法自然对时长较长的直播有相应的启发。好的直播节目都应当有"剧本"，事先尽可能地设计好各个环节，这样才能保证效果。游戏环节如何呈现，在什么时间段呈现，都需要事先做好谋划。

三、游戏互动不能喧宾夺主

游戏互动在吸引人气、提升直播经济方面具有明显的作用，因此，精心设计直播中的游戏互动环节非常重要。但是，在实际操作中，我们不能过于强化游戏互动，以免出现喧宾夺主的情况。

要防止游戏互动喧宾夺主，应当强化直播内容的策划设计。所谓"兵马未动，粮草先行"，大到整体定位，小到各个细节，都要充分考虑，这样才能将游戏互动放在合情合理的位置上，最终强化直播效果。这就是我们强调直播也应当有"剧本"的原因。游戏互动应当是直播"剧本"中的一个环节。

要防止游戏互动喧宾夺主，网络主播应当发挥主体作用。作为一个优秀主播，要善于把控直播间的主动局面，既不能让直播间冷场，显得毫无人气，也不能让互动走样，变成用户的狂欢场，更不能被用户牵着鼻子走，从而失去直播的本质目的。可以说，主播所做的一切，都应当以保证直播效果为前提。

要防止游戏互动喧宾夺主，还应当树立整体意识。游戏互动属于直播的内在构成，或者说是其中的一个小板块，但是不宜单列出来，而是应当在整体意识中将其与直播主体内容无缝对接起来，防止因为游戏互动版块结束导致用户流失，从而出现"溢流"现象。否则，对于一些用户来说，进入直播间只是为了和主播完成游戏互动，那就是喧宾夺主了。

第四节　网络直播的带货销售

如前所述，带货直播已经成为当前直播经济的重要组成部分。同时，带货直播代理的相关产品很多都是销售渠道不畅的农产品，而且地方政府官员也往往客串网络主播，从而使其从一个经济问题变成一个社会问题乃至行政管理问题。但是，带货销售的本质还是"销售"，因此，归根结底直播带货依然是一个商业问题、经济问题。

一、直播带货效果显著

随着经济生活的不断发展以及通信技术的时时更新，人们的消费需求和消费模式也在不断升级，其中网络消费更是呈现出节节攀升的状况。依托4G技术而兴盛的直播行业和销售行业结合得越来越紧密，从而诞生了直播带货这种全新的销售模式。随着5G技术的普及，直播带货还将有着新的生机。可以说，直播带货在未来一段时间内依然是网络直播行业强劲的经济增长点之一。

2019年有"直播电商元年"之称。李佳琦、罗永浩、李湘等人不断为直播电商贡献完美战绩，取得了"赫赫战功"，让社会大众以及电商为之侧目,直播带货由此成为时代新风尚。

相关数据显示,在2019年5月15日到6月13日30天内,"带货一哥"李佳琦先后直播27场,带货23亿元,场均销售额8 489万元。2020年4月6日,李佳琦和央视新闻主播朱广权组成超级公益带货IP"小朱配琦",进行隔空连线,搭档进行以"谢谢你为湖北拼单"为主题的公益直播,为湖北助力,同框直播在线卖货(图4-4)。"偶买噶,不是我一惊一乍,真的又香又辣……买它买它就买它!运气好到爆炸,不

图4-4 "小朱配琦"隔空连线

光买到了,还有赠品礼包,这么大,为了湖北我也是拼了!""烟笼寒水月笼沙,不止东湖与樱花,门前风景雨来佳,还有莲藕鱼糕玉露茶,凤爪藕带热干面,米酒香菇小龙虾,守住金莲不自夸,赶紧下单买回家,买它买它就买它,热干面和小龙虾!"这场130分钟的公益直播共吸引了1 091万人观看,累计观看次数达1.22亿,直播间点赞数为1.6亿,累计卖出总价值4 014万元的湖北商品。在直播间气氛的感染下,不少网友果断出手,并且感慨"愿为湖北胖三斤"。2021年4月8日,"小朱配琦"再度出场直播带货,销售额超过3 000万元。

在这一风尚的引领下,不少网络平台如京东、苏宁易购、淘宝、蘑菇街、唯品会、聚美优品、拼多多、小红书、洋码头海外购、微信、抖音、快手、斗鱼等成为直播带货的重要平台。可以说,电商成为各大网络平台开展白热化竞争的新领地。

带货直播催生了一批"网红"主播,从而进一步推动带货直播本身的发展。当前,带货直播已经成为不少地方政府推动农产品和地方特产销售的重要手段。一些地方官员也纷纷"披挂上阵",进入直播间和"网红"主播一起大声叫卖,一改先前严谨刻板的形象,受到许多网友的热烈追捧

和点赞。

二、直播带货需要节奏

直播带货当前处于线上线下销售的新风口,并且取得了不凡的"战绩",受到社会各界的高度关注。在全民直播时代,直播带货的骄人效益,使得不少人认为这其实并不是一件很难的事情。事实上,在竞争如此激烈的当下,直播早已经摆脱了"颜值担当"的标签,更多体现"实力硬核"。真正要做好直播带货,一定要把握好相应的节奏,打出一套组合拳。

总体来看,直播带货"组合拳"大致可以包括内容设计、宣传预热、产品展示三个环节,最终获得"让消费者不再犹豫,不再纠结,直接付账"的效果。可以说,只有在每一个环节都把握好相应的节奏,才能保证最后的传播效果。

首先,直播带货一定要事先做好相应的内容设计,即所谓"兵马未动,粮草先行"。直播带货的目的是将产品销售出去,因此需要事先规划好直播主题和直播流程,做好"剧本"设计。在直播主题的设计上,要和社会热点结合在一起,这样才可能有好的效果。但是在现实生活中,热点来得快去得也快,要想借助热点来完成直播带货销售,必须对热点进行深入挖掘,找到热点与直播内容相关联的地方,从而形成"搭车"效应。除了一些法定节假日、大型活动赛事等外,一些突发性事件、明星绯闻、热门影视作品中都有与带货相关的关联点。比如,2017年电影《战狼Ⅱ》热映之际,某直播平台就推出"《战狼Ⅱ》中女星使用的美妆产品"主题,效果较好。又如,公安部发布通知称,要从2020年6月1日起,在全国开展"一盔一带"安全守护行动,其中要求骑乘摩托车、电动自行车必须佩戴头盔,相关平台马上以"9.9元抢头盔"为卖点推出电动自行车带货直播,取得较好的效果。在确定好主题的基础上,设计直播标题时也应该多动脑筋,既要有"标题党"的思维,又要有明确的指向性。比如"三八女神美妆节""开学季小学生必备课外书""男人节潮男购机首选"等,都能够精准定位用户,强化带货效果。

其次，直播带货需要事先做好一定的宣传预热。即便请来的主播"人气旺"，带货的内容也是大众所需要的，但是如果用户并不知道是什么直播平台、在什么时间开始直播，极有可能就错过了，再好的内容设计也只能与广大用户擦肩而过了。因此，需要通过多种渠道进行宣传预热，除了时间、主播、平台等相关信息的披露外，还可以强调产品特色、购物福利、意外惊喜等，从而提前锁定用户，以达到"不见不散"的效果。比如，"小朱配琦"于2021年4月7日武汉疫后重启一周年之际再次进行带货直播，售卖湖北特产，助力湖北经济发展。在直播之前就通过相关渠道进行广泛宣传："见证热爱的城市！共赴美好的生活！4.7晚八点'小朱配琦'组合再次合体直播，淘宝直播&央视新闻'热力开卖'。""疫后重启一周年""助力湖北"是很好的热点，相关部门提前做了很多功课，并进行预热宣传。直播最终以3 000多万元的业绩收官，令人称赞。

最后，直播带货需要事先对相关产品有足够的了解，从而更好地进行产品展示。只有对产品充分了解，才能在直播中有的放矢，做好与用户之间的沟通，最终刺激他们的购买欲望，完成带货任务。客观来说，任何产品都有其优缺点，主播在进行直播之前，应当明确产品的优缺点，并从中寻找相应的卖点。比如有的农产品在食用前清洗比较麻烦，这可能会让很多消费者裹足不前，主播就应当事先在该产品的清洗技巧上下功夫，从而在直播中将这些技巧分享给用户，获得他们的认同。同时，主播也不能对相关产品的缺点视而不见，否则极有可能引起用户的抱怨，导致用户对主播乃至直播间失去信任。在充分肯定优点的同时，客观理性地将产品的缺点讲出，有可能会更好地推动直播营销。在具体直播中，也需要根据用户的情况，随时调整介绍内容，以较好地把握消费者的情绪，最终促使他们毫不犹豫地下单。

三、直播带货需要促销

如何提高产品的销量？如何让产品在直播间产生"供不应求"的效果，以刺激消费者争相购买？这的确是一个问题。它需要相应的促销技巧来推动。

带货直播的关键在于选准具有相当人气的主播以及具有卖点的产品。可以说,"人气主播""特色产品"是带货直播的"左右护法"。但是,随着带货直播的发展,广大消费者也越来越理智,主播的卖力解说或者煽情表达有时候并不能让消费者买账。因此,掌握相应的促销技巧,对提升带货效果有着本质的推动。

带货直播的促销活动可以分为两个阶段,即开播之前的促销和开播过程中的促销。前者是为了聚集人气,让消费者提前锁定主播和直播间,后者则是为了刺激消费者"不再犹豫""赶紧购买"。

带货直播开播前,大致可以通过节假日、纪念日、时令节庆等节点来巧妙完成促销。比如,玫瑰花作为一种生鲜产品,在平日要实现大卖难度很大,但是碰上"情人节"等日子,如果采用合适的促销手段,就可能收到意想不到的效果。某直播间早在"情人节"到来之前,就开展了"99朵玫瑰,'情人节'5.2折"的促销优惠活动,果然有不少消费者锁定时间和平台,在开播时前来下单,从而实现了玫瑰花的大卖。主播在直播间强调"我们店针对'情人节',特别推出个性化的5.2折玫瑰花产品。原价799元的99朵玫瑰花束,现价只要415元,只要415元。共有四种搭配方案供大家选择。例如,这是一款知风草玫瑰定制花盒,用知风草和玫瑰花进行搭配,不仅层次设计感强,同时也强调了'我爱你'的主题……""情人节""99朵玫瑰""5.2折",成功吸引了消费者的眼球,聚集了不少人气,因此在一定程度上保证了直播效果。

在带货直播开播后,如何让消费者短时间内顺利完成下单,也是非常关键的。直播中的消费者很多都属于"冲动性消费",在直播间待的时间越长,就越可能不会下单。因此,在具体直播中,采用限定式促销是有必要的。所谓限定式促销,就是通过限制一些购买要素,比如时间、数量、折扣、赠品等,从而形成饥饿式营销,促使消费者在尽可能短的时间内做出消费决策并付诸行动。比如在限定时间方面,可以使用"一小时内下单,立减100元""一小时后恢复原价";在限定数量方面,可以使用"前

100个订单享受8折优惠""限量出售1 000件,手慢无";在限定赠品方面,可以使用"订单金额××元以上,可以使用一张优惠券""买二送一,多买多送"……

  关于促销没有可供遵循的一定之规。每个直播带货节目只有根据实际情况,选择合理的促销手段,才能将直播做到极致。

第五章

网络直播的艺术技巧

影响网络直播效果的因素有很多,因此,掌握相关的艺术技巧非常有必要。我们根据实际情况,具体从主播的打造、直播间的设置、直播的氛围营造等方面分析相关艺术技巧。

第一节　打造人气网络主播

主播是网络直播的核心人物,打造人气网络主播是网络直播成功的必要保障。在网络直播中,除了少部分主播已经是资深主持人外,大多数都是在"流量为王"的多媒体时代成长起来的人气主播。

一、人气主播的基本要求

随着网络直播的快速发展,主播作为一种新兴职业进入大众视线。在很多人看来,网络直播的门槛很低,只要有一个能上网的电脑或者智能手机,掌握基本的语言表达和人际沟通技巧,就可以成为网络主播。其实这是一种误解。我们一再强调网络直播仍然是"内容为王",人气主播在其中的核心作用更是不容小觑,甚至可以说,主播的人气和资质在一定程度上决定了直播效果的本质性显现。

所谓人气主播,就是指有超高的人气,在直播间里能够以个人魅力吸引广大用户积极参与直播的相关活动,对增强直播效果有本质性的推动的主播。在网络直播走过"野蛮生长"期之后,人们对网络主播的定义不再仅仅是俊男靓女的颜值担当,更应当是实力担当。从总体上讲,人气主播的基本要求应该包括以下几个方面:个人综合素质,现场调控应变能力,自我品牌塑造能力,传达正能量的能力。

一个人气主播应当具备良好的个人综合素质。在主播不断洗牌,"各领风骚三五天"的当下,良好的个人综合素质显得至关重要,"颜值"所占的"份额"越来越少。网络主播和传统主持人一样,其个人综合素质非常重要,主要包括思想素质(含政治素质、职业精神、职业道德、人格素质、人文素养)、文化素质(含教育背景、知识结构、生活阅历、学习能力)、职业素质(含思维素质、语言素质、亲和力素质、职业传播素质)、身心素质(含身体素质、心理素质)四大方面。①

现场调控应变能力是对人气主播的又一个要求。尽管网络直播也有"剧本",但总是计划不如变化,这使得主播面临极大的压力,也对主播的现场调控应变能力提出了较高的要求。客观来说,网络主播超强的语言表达能力是至关重要的,但能说会道只是人气主播的一个基本特点。在不少直播中,主播从头说到尾,固然体现了超强的语言组织能力和现场表达能力,但是一说到底并不见得能取得最佳的直播效果。因此,在直播间,主播该说时一定要不吝语言,不该说时也应当懂得节制。可以适当引导粉丝来控制直播间的"节奏"。直播间的粉丝之间发生矛盾时,也需要通过必要的手段进行化解。做到张弛有度,才是一个优秀主播的基本功。同时,在直播间,主播应当根据现场来把控局面,既不冷场,也不失控,这样才能保证有一定时长的直播节目的直播效果。根据现场适时调整播报方式,这是人气主播应当具备的能力。

一个人气主播在和粉丝构建起信任关系,获得超强人气的基础上,更应当注重提升自身品牌的塑造能力。打造人设是形成个人品牌的前提。主播需要根据自身的性格特点、专业技能进行合理定位、打造人设,因此都需要自问三句:我是谁?我的工作是什么?我凭什么让别人喜欢?此外,也可以根据具体情况给自己贴标签,比如李佳琦"口红一哥"的标签就强化了大众对他的认知。同时,人气主播在注重自己的直播间形象的同时,还应当约束自己在线下社会生活中的言行,因为这也是其品牌延伸的体现。人气主播因为有粉丝群体,因此也属于公众人物,在现实生活中稍有不慎,极有可能导致人设崩塌,品牌形象被毁。

此外,人气主播的基本要求还包括传达正能量的能力。尽管网络环境相对宽松,对主播的要求也相对较低,但是这并不意味着网络空间可以脱离现实世界而独立存在。作为人气主播,除了依照法律法规约束自己,不发生各种出格行为外,还应当担当起传达正能量的重任。有的人气主播粉

---

① 童兵,陈绚. 新闻传播学大辞典 [M]. 北京:中国大百科全书出版社,2014:5.

丝量达到好几千万,在传达正能量方面效果往往非常突出。同时,作为有责任感的人气主播,还有义务规范粉丝的言行,从而保证直播间成为清净之地。否则的话,粉丝可以成就主播,也可能"坑死"主播。

二、主播的跨界转型发展

网络直播的快速发展,成就了不少"网红"主播。"网红"主播在拥有超高人气的基础上,产生了令人惊叹的社会效益和经济效益,这让传统主播大为震动。事实上,这些年,有不少传统媒体主持人纷纷跳槽,试水网络媒体,并取得不错的成绩,这被社会上不少人夸张地概括为"主持人离职潮"。

将传统主持人的转型发展概括为"离职潮",不免有些夸大其词,但是传统主播向互联网靠拢是不争的事实。比如曾担任 CCTV-3《挑战主持人》节目制片人、总导演、主持人的马东,于 2013 年离开央视,加盟爱奇艺,担任首席内容官,并在 2014 年推出中国首档说话达人秀《奇葩说》。但随后的 2015 年,马东又从爱奇艺离职,同年成立米未传媒,作为创始人出任 CEO,并继续打造《奇葩说》《奇葩大会》《饭局的诱惑》《乐队的夏天》等网络综艺节目。再后来马东也参与到网络直播中来。像马东这样,实现从传统媒体向网络媒体转型的主持人已经不在少数。即使是一直坚守在传统主播阵地的主持人,有时候也会客串一把网络主播,并取得较好的效果。比如央视新闻主持人朱广权,因在央视主持多档电视新闻节目而为大众所知,由于央视特殊的性质和风格,他被冠以"一本正经的段子手"的名号。2020 年 4 月武汉疫后重启,朱广权和网红主播李佳琦隔空连线进行带货直播,取得了很好的效果,就连李佳琦也对其佩服得五体投地。传统主播向网络主播转型,或者进行客串,都取得良好的效果,这表明两点:一方面,网络主播的主持风格的确有其优点,值得传统主播学习;另一方面,无论是传统主播还是网络主播,基本功都是非常重要的,才华、风格远比外表更为重要。正因为基本功扎实,传统主播向网络主播转型相对容易。尽管如此,如何更好地适应多媒体时代的受众,依然是传统主播需要思考的。

网络主播大量出现后，其中有些人因为自身的特长而为大众所知，进而成为名声显赫的"网络达人"，获得庞大的粉丝群体和社会知名度。他们往往挟自身的知名度跨界参与一些综艺节目或公益节目，甚至还有人专心在影视行业发展，成效也还不错。试想，如果没有网络直播这个新的平台，这些主播怎么能够在竞争如此激烈的当下"逆袭成功"呢？另外，一些当红的影视明星，看到网络直播的美好"钱途"后，也纷纷加盟网络直播，实现了自身的跨界转型，为直播增添了新的亮色。在未来，跨界转型依然是网络主播发展的重要趋势。

三、打造全新的人气主播

直播的快速发展使得网络主播成为一种新生的职业，牵系着一大批人的职业梦想，也关涉直播行业的未来发展。哪些群体更容易成为人气主播？如何打造全新的人气主播，成为摆在直播行业面前的重要问题。

网络主播具有较强的群体特征。以下一些群体在向网络主播转型方面具有自身的优势。其一，大学生。他们对新生事物有着好奇心，有着自己的专业和爱好，思想开放且业余时间较多，而且还有创业梦想，因此是可能成为网络主播的一个重要群体。其二，都市白领。都市白领大多面临着较大的生活压力和职场压力，成为网络直播是增加经济收入和展示自我才华的重要手段。同时，从生活方式上讲，在工作之余，不少都市白领都习惯于"宅居"在家，网络直播成为其扩大交际、释放情感的重要方式。其三，年轻女性。在网购经济面前，年轻女性一直是消费主体，见证了网络的巨大威力。如今在网络直播时代，她们也跃跃欲试，极有可能参与到直播大军中来。其四，才艺达人。电视选秀将一些草根艺人变成明星，实现了他们"丑小鸭变金凤凰"的梦想。但是电视平台资源相对有限，能够成就梦想的草根艺人毕竟是少数。拥有海量资源的网络直播为更多人提供才艺展示的平台，他们在机缘巧合下极有可能成为某一领域的网络达人。其五，兴趣爱好者。一些兴趣爱好者参与直播，原本可能并没想成为"网红"，完全是一种自我习惯或者一种情感释放，在一段时间的坚持中吸引了不少有共同兴趣的网友，自己也逐渐晋升为人气主播。其六，微商从业者。他们的目的往往更加明确，即希望将产品更多地卖出去，不得不努力提升"吆喝"的水平，也有可能成为人气主播。

有成为人气主播的潜质，未必一定能够成为人气主播，要想成为人气主播，需要掌握一定的方法要领。其一，要发掘自身的特长完成自我定位，这样才可以找到自己能够被网民认可的特质。其二，精心设置昵称和头像，这是主播的身份象征。其三，借助其他平台或者媒体对自己进行适度推广。当前社交平台很多，许多时候它们的粉丝群体也可以相互转化，适当借助相关平台推广可以实现"借力打力"的效果。其四，了解粉丝的基本情况，并通过合理的方式加强与粉丝的互动。其五，善于借助当下的热点话题，推广自己的直播间，从而让更多的粉丝认可自己。

第二节　直播间的设置艺术

在直播间进行定点直播，是目前最经济最简约的一种网络直播形式，因此受到很多人的热捧。把握好直播间的设置艺术，是网络直播成功的重要保证。

一、直播间的主体风格

从经济简约的角度出发，大多数网络直播间空间都不会很大，因此需要根据实际情况确立直播间的主体风格，从而为直播效果增色。主体风格包括直播间的整体策划设计以及主播的妆容衣着等，或是豪华大气的贵族风，或是温暖清新的自然风，或是粉红可爱的少女风等，不一而足。

确立直播间的主体风格，要把握以下几个基本原则。

其一，整体性原则。因为直播间空间比较有限，而且功能目的也比较明确，主播就不要对其进行太多的人为区隔，要将其作为一个整体来规划设计，从而彰显出自身的主体风格。当然，考虑到实际呈现效果，可以适当借鉴电视媒体的虚拟演播室的操作方式。有的直播间过于狭小给人以逼仄的感觉，则可以考虑使用镜像的方式来把握视觉的整体效果。

其二，一致性原则。网络直播在发展中必须依靠内容来立身，而每个直播间之所以能够长期良性运转，也是因为它独特的内容定位。直播间在打造整体风格时需要把握与内容一致的原则。比如泛娱乐直播，其直播间应当显得清新；课程类直播，其直播间则应当严谨而不失灵动；游戏类直播，直播间则应当显得活泼。无论采用哪种风格，我们都需要记住，形式为内容服务。

其三，简约性原则。无论是什么内容直播，以简约性原则来把握直播间的主体风格是基本前提。一般来说，在一个相对有限的空间里，主要颜色不要超过三种，否则的话就会给人以凌乱的感觉。在设计时，可以一种颜色为主打色，另外选择两种颜色作为辅助色，这样在简约的基础上可以保持整体感。同样，女主播无论多么青春靓丽，在服饰妆容上也不需要搭配太多颜色，依然以三种为宜。

其四，个性化原则。在众多的网络直播平台中，一个直播间要获得用户的认同，一名主播要增强粉丝的黏性，个性化是非常重要的一环。个性化自然不完全是标新立异、特立独行，但是和别人错位而彰显自身的独特性、个性化优势，不正是发展之道吗？当前网络直播雷同化趋势非常明显，就是和主播没有把握个性化原则有关。

二、直播间的背景设计

直播间的背景，是指面向观众的一面，一般是主播身后的部分，可谓主播的"第二张脸"，对整个直播间大环境有着很重要的衬托作用。好的背景可以为整个直播间画龙点睛，同时也可以更好地凸显主播，从而强化直播效果。

在背景设计上，每个直播间都可以体现自身的风格，没有统一标准，因人而异，因地而异，也与个人喜好有着很大关联。但是在具体操作中需要把握这样几点，以保证观众能够感觉到自然协调。

其一，背景主色调要与大环境以及主播格调相谐。由于网络直播间一般面积都不大，因此背景或者是墙壁或者是窗帘，有的也可能是仓储货架，虽然很简单，但是对其进行布景依然重要，主要是选准色调。如果背景是窗帘，则尽量使用单色或者浅色系，让人感觉更宽敞。如果背景是墙壁，则根据直播风格进行相应的处理，比如直播内容轻松活泼，宜将背景墙设计成暖色调；直播内容稳重严谨，宜将背景墙设计成单一的中性色。不管背景主色调如何，都要和整个直播间的风格相搭，更要与主播的格调相谐。这里说的主播格调主要包括妆容、衣着、色彩搭配等。当然，有的直播间甚至不是"直播间"，而是利用观众的视觉误差直接由简单的"背景布"组合而成，其构建成本非常低，可以根据直播的需要经常进行更换。

其二，背景设计要兼具外在美和内在美。直播间的背景无论如何设计，都必须以整个直播间的风格统一为前提，也必须以保障直播效果为基本出发点，因此需要把外在美和内在美结合起来。所谓外在美是指背景设计的基本呈现，或者是窗帘，或者是墙壁，或者是背景布，不一而足，观众一眼就可以感受到它的外在美，看起来自然又得体。外在美构成了观众对直播间的第一印象。如果从更深层次来定位的话，背景设计还需要体现内在美。所谓内在美，就是直播间的背景设计和主持人的风格及直播的内容形成一定的内涵，让人过目不忘。比如，同样是带货直播，高档化妆品带货直播和富有地域特色的农产品带货直播，其内涵不一样。化妆品带货直播应努力发掘主播青春靓丽的特色，农产品带货直播则应在主持人装扮和直播室背景上更多地强调地域风情。

其三，注重相关细节，打造"想不到"的效果。直播间空间有限，因此对其进行布置装饰其实并没有那么复杂。一些细节的处理也可以产生让人"想不到"的效果。直播间的装饰与一般家居装饰是有很大区别的。对于一般家居，每个人都有自己的爱好，完全可以根据自己的想法"任性而为"，毕竟经常出入自家住宅的只有自己和家人。直播间是主播和网友进行互动交流的场所，很多网友对主播的第一印象往往是根据主播的外貌妆容以及直播间感受产生的。在相关布景设计完成之后，利用适当的道具细节来强化风格，可以产生意想不到的效果。细节具有暗示功能，强化网友对主播的认同,从而增强用户黏性。比如在游戏直播间,主播可以适当摆放一些与游戏有关的道具,体现自己对某款游戏的喜好;在动漫直播间,主播可以摆放一些有趣的漫画书;美妆类直播间则自然少不了一些主播喜欢的化妆品。这些小道具,不能被简单视为"嵌入式"广告,更应当被视为主播风格、直播间风格的有益补充,极有可能让用户有惊喜感,从而获得"想不到"的效果。

三、直播间的视听效果

无论对直播间进行怎样的设计,最终还是需要呈现视听效果。因此,直播间的布置除了空间、背景等外,还有摄像头、灯光、音效、网速等一系列要素需要考虑。

网络直播是通过摄像头与网友进行隔空对话交流,因此保证良好的视听效果非常关键。选取合适的视听设备非常重要。设备并不是越贵越好,需要从直播间的实际需要出发。

在摄像头的使用上,现在都流行高清视频,因此高清摄像头是标配,一般以固定支架式的红外摄像头为宜。摄像头的角度一般以水平为宜,从而体现大气、客观的表现效果。灯光布局上要强化明亮、均匀等视觉效果,不能出现暗影、阴阳脸等,因此需要处理好主光和辅助光的关系,有必要的时候,还需要使用反光布、遮光板等辅助性工具。此外,麦克风的选择也非常重要,好的麦克风一方面可以保证主播的音质不会受损,另一方面可以有效避免环境噪声。此外,网络直播是通过网络来呈现的,因此对网速有一定的要求,不能出现掉线或者卡壳等现象,否则对于"越来越失去耐心"的网友来说可谓是一种"摧毁式"的体验。

此外,对于一些特殊内容的直播,其技术设备也有更高、更专业的要求,比如电竞直播,对设备的规格要求更高,秀场直播需要增加相应的互动性主题道具,才艺表演直播则可能需要几个摄像头以保证多机位立体展示效果,等等。总体上讲,网络直播的视听效果需要多个因素来保证,任何一个环节都不能"掉链子",否则的话,效果就会大打折扣。

直播间的设置涉及多个元素,如布景、灯光、音效,以及主播的衣着、妆容等，需要通盘把握。直播间要有整体感。同时，由于直播间是面对众多网友的，直播间的风格特征不能按照主播一厢情愿的想法设置，需要充分考虑与直播内容的对接。

此外，网友的情况非常复杂，个体差异性也非常明显，而且在操作中也不可能对网友进行精准细分，因此直播间的设计应当体现出中和之美，以大多数人能接受为前提，不能太过于个性化，以及太追求标新立异，不然因为"迎合"部分网友，会在无形中"伤害"了其他网友，终究还是会影响传播效果。

第三节 直播中的造势艺术

网络直播虽然是主播与众多网友的隔空对话交流，但是从效果体现的角度看，人气是根本的保障，因此掌握一些必要的造势艺术也非常关键。所谓造势，从字面上理解就是制造声势，对于网络直播来说，就是借助一些必要的手段和理念，达到吸引更多网友的目的。同时，造势作为一种艺术手段，不应只是网络直播的一个环节，而应当被内化到直播的整个过程、各个环节。

一、打造现场感

直播之所以具有相当的吸引力，就在于其强大的现场感染力。从电视传播的角度来看，从录播到直播是传播技术的本质式提升，更是传播观念的颠覆式更新。尽管直播相比录播面临着极大的压力，但是人们对其依然保持着浓厚的兴趣，并继续不断更新技术和提升理念。

网络直播无疑是直播的最新形态，代表着直播技术和直播理念的双重升级。但是，网络直播与现场直播还是有很大区别的。现场直播有很多观众参与其中，气氛热烈，互动方便，效果基本上可以保证。而网络直播虽然也可以通过网络平台进行各种形式的互动，但是总体上还是依靠主播在直播间以"自嗨"的方式来调动网友的参与积极性。因此，只有充分造势，打造现场感，才能最大限度地吸引网友，从而保证直播效果。

网络直播要打造现场感，需要用态度制造仪式感。在直播之前，主播需要做好精心准备，在衣着、发饰、装扮等方面要和居家生活有一定的区分度（有不少网络直播就是在主播自己家里进行的），让网友感受到直播的气氛，而不同于平常简单的网页浏览、基本互动等网络行为。同时，在直播间的管理上也应当到位，不能有与直播无关的人随意进出，也需要防止噪声的出现，致力于打造良好的直播间环境。我们之所以说用态度制造仪式感，实际上强调的是主播要充分重视直播活动，事先做好精心准备，唯有如此，网友才能感受到被充分尊重，才能积极参与直播活动。

网络直播要打造现场感，需要用策略唤醒参与感。网友进入了直播间，并不意味着他就一定参与直播活动，有很多网友只是抱着"围观"心态进入直播间，甚至还有的网友是误打误撞的"不速之客"，至于"挂机者"更是大有人在。主播需要使用相应的策略唤醒网友的参与感。首先，主播需要对直播内容有比较充分的了解，能把握直播的基本定位和合理卖点，尤其是要和当下的一些热点话题对接起来，在进行介绍和描述时强调情景化、故事性，从而激发网友的参与感。其次，主播需要通过各种手段强化互动感。如果没有互动，对于网络主播来说无异于"剃头担子一头热"。除了我们前面强调的游戏互动之外，主播还可以采用才艺表演、现场体验等方式激发网友的热情，从而体现出强烈的现场感和沉浸感。

网络直播要打造现场感，需要用跟踪服务体现生活感。每场直播的互动都是一次性的，不具有复盘的可能性，但是对于网络主播来说不是一次性的。主播的人气是在一场场直播中逐步累积出来的。有很多直播，是希望通过主播的解说介绍、体验展示等方式达到促成用户下单消费的效果。但是用户下单消费之后，并不意味着活动完全结束，主播或者售后对消费者进行适当的跟踪服务，让其体会到存在感，无疑会增强其对直播平台或者直播间的认同。打造现场感并不是在关闭直播间时就完全结束,可以通过跟踪服务,让用户感受到贴心服务,同时也让现场感实现"淡出"效果,慢慢结束,让用户感受到回味无穷,极有可能让用户成为常客。

二、把握节奏感

一般来说,一场直播活动少则一个小时,长则三五个小时甚至更长,不可能要求主播自始至终按照一个节奏来进行直播,而对于用户来说,也不可能在一成不变的节奏中持续"浸泡"。因此,把握好节奏感,是保证直播效果的重要要求。

把握节奏感,需要主播事先对直播内容进行合理的板块区分。网络直播一般都是大时段播出,只有进行分板块区分对待,才能产生出"文似看山不喜平"的效果。在对直播进行板块区分之后,我们需要按照节奏把握每个板块的不同功能定位和直播形式。

一般来说,一档直播节目大致可以分为三个板块。

第一个板块为人气吸引板块。在直播节目开始之后,用户会陆陆续续进入直播间,主播应该想办法将已经来的用户留住,尽量避免流失,并让已经进来的用户"呼朋唤友",以打造更高人气。这实际上就是为真正的内容直播造势。

第二个板块为内容展示板块,这也是核心板块。等到人气集聚得差不多了,主播应当将所展示的内容、推荐的产品等及时推出,并注重和用户的交流互动,让他们更好地了解乃至认同相应的内容或者产品,达到传播效果。

第三个板块为效果巩固板块。主播不可能在内容展示或者用户下单之后就直接关闭直播室,而是应当继续和用户保持互动交流,回答相应的问题,强化用户对直播间或者内容、产品的认同感,为下次直播的顺利进行做好铺垫。

从直播效果来看,用户不可能在同一个时间全部涌入直播间,也不大可能连续几个小时持续"浸泡"在同一个直播间,有用户不断退出,也有用户不断进入。对于一场直播来说,用户存在极大的变数,因此在直播活动中应当随时把握相应的节奏，以保证直播效果的基本稳定。为了防止因为用户简单了解直播信息之后马上离开而产生"溢流"现象，同时也为了避免随机进入直播间的"不速之客"不明所以、一闪而过，主播就有必要根据实际情况，每隔一段时间就对直播的主要内容进行适当总结和预告。适当对先前内容进行总结，是为了让"不速之客"迅速熟悉直播间的相关情况，类似电视剧播放中的"上集回顾"；适当对后续内容进行预告，是为了留住既有用户，让他们知道下个板块的直播将更加精彩，或者有"彩蛋"，类似电视剧播放中的"下集预告"。

三、强化既视感

要保证直播间的视听效果，应当强化网友的既视感，这也可以视为网络直播的另一种造势。所谓既视感，是一种心理现象，也称幻觉记忆，是一些事情或者场景虽然没有经历过，但是给人一种仿佛在某时某地经历过的似曾相识的感觉和感受，又被称为"海马效应"。

强化网络直播的既视感，大致可以从直播间的布景和主播的语言两个方面来体现。

网络直播间在布景设置时要多考虑生活场景，在强调大众化的基础上适当体现特色，这样在某种程度上能够唤起网友记忆，产生"似曾相识"的感觉，从而形成既视感。网友对直播间的相关设施产生既视感，自然会延长在直播间的停留时间，为取得良好的直播效果打下初步基础。

网络直播中，主播可以结合直播内容通过一定的语言表达或者情节设置来唤起大众的情感认同，从而产生既视感。比如游戏环节的设置，可能是童年情景的再现，或者是故事性的讲述，其中所折射出的人生感悟或者哲思，可能与某些人的经历暗合，都极有可能唤起大众记忆，产生既视感。路遥的长篇小说《平凡的世界》中的相关故事情节，唤起读者记忆中的某些生活场景，从而形成励志性教育，这就是既视感的体现。在网络直播中，主播通过相应的故事化表达强化既视感，既可以打造个人形象，也可以强化网友对直播内容的认同。

第四节　直播中的引流艺术

对于网络直播来说，成功的关键莫过于直播间的大人流量。要打造一定规模的人流量，必然要借助一定的引流艺术。先通过必要的手段将众多的网友引入直播间，再挖掘他们的需求痛点，强化他们对内容或者产品的认同，这样就可以保证直播效果。

一、合理把握直播时间

尽管网友在线时间越来越长，但是谁也不能保证24小时在线，毕竟在现实生活中，正常作息和工作安排还是非常重要的。因此，从实际情况和生理规律来看，网友在线时间还是会相对集中于几个时间段。"经过对众多视频推送规律的总结和分析，大致有3个比较集中的时间段，分别为早、中、晚，晚上22:00—23:00峰值最高为10；其次是中午12:00—13:00峰值为8.5；第三个为早上8:00—9:00峰值为7.9。"[①]因此，直播也需要把握这三个时间段来推送开播，以吸引大量的网友，最终保证直播效果。

具体来说，早上8:00—9:00，这是大部分用户起床或者吃早餐时间，或者是刚刚到达工作岗位时间。在这个时间段，大多数人会有短暂的空闲时间，再加上经过一晚上的休息，精神状态比较好，心情比较放松，很多用户会打开手机查看昨日的新闻趣事，也会适当进入直播平台。这个时候的主题内容应当以轻松愉快为主。中午12:00—13:00，正值很多用户午餐或者午休时间，也是白天中相对比较长的空闲时间。上午的阶段性工作已经结束，大脑处于相对放松的状态，不用花太多时间思考和研究的社会新闻成为很多用户的选择。晚上22:00—23:00，用户经过一天的忙碌，可能会安静下来看书思考，或者躺在床上刷刷手机准备睡觉，对外界信息

---

① 魏艳. 零基础学短视频直播营销与运营 [M]. 北京：化学工业出版社，2020：116.

接受度较高，这是用户最为集中的时间，如果推送相关信息，效果就比较好。对于直播平台来说，合理利用上网时间峰值进行相关内容的推送传播，可以获得更大的人流量，效果也相对较好。

当然，上网时间峰值只是一个大致的参考，每个个体乃至群体的情况都是有很大差别的。对于学生群体来说，他们只在早上 8:00 前或者晚上 5:00 以后才可能有相对可以自由支配的时间，课程类直播一般安排在这个时间段为宜。对于普通工薪阶层来说，晚上 18:00—20:00 可能是他们集中刷屏时间。对于知识分子来说，晚上 23:00—0:00 可能为集中刷屏时间。我们需要根据直播内容和面向的群体，合理选择设定直播时间，这样才可能最大限度地吸引用户，实现引流效果。

除了在每天相对固定的时间峰值推送直播节目以获得相关人流量外，某些特定的时间节点也可能成为重要的直播档期，比如节假日、促销日等，淘宝"双十一"、京东"6·18"狂欢节期间推出的直播节目都能收获巨大的人流量。每年的 4 月 23 日为世界读书日，在这前后推出的读书类直播节目，效果也比较好。

二、挖掘网友需求痛点

注重挖掘用户的需求痛点，也是重要的引流技巧。在挖掘网友的需求痛点之前，网络主播需要对网友有初步的了解。我们以直播带货为例简要分析如何挖掘网友需求痛点。

带货直播间面对的网友大致可以分为三种类型：第一种是有明确购物需求，知道自己想要购买什么产品；第二种是有购物需求，但是不明确购买什么产品；第三种是没有明确的购买需求，进入直播间往往是围观，但是在主播的积极引导下，也可以成为购物大军中的一员。三种网友的需求痛点不一样，因此需要主播区分对待，如果方法得当的话，都可以将其纳入引流对象。

对于第一种网友，购物目的是比较明确的，但是他们可能更在意的是性价比，因此主播应当将价格最优、服务最好作为自己的卖点，增强体验感，从而强化网友的购买欲，并促成其迅速下单。同时，购买并不是一锤子买卖，主播要做到强化用户黏性，让其成为"回头客"，比如推出会员制等，购买越多优惠越多，从而使其成为直播间的"死忠粉"。这样引流才最终完成。

  对于第二种网友，购物欲望是存在的，但是不知道购买什么，比如想添置与衣食住行相关的物品以改变生活质量，但是不知道从何下手。面对这种群体，主播应当开动脑筋将其需求具体化，从而明确其购物需求。主播不宜直接推销产品，要更多地从互动的角度了解其基本想法，如具体是想改变家居环境，还是想添置必需品等。比如主播营造这样一种生活场景："大家每天下班之后是不是感到比较疲惫？当你忙碌一天回到家里，点燃这个香薰，五分钟内，柔和清香的气味就会充满整个房间，足以让你放松身心，充分感受家的温暖……"花钱不多，却又能改变家居环境，主播的这一席言语就可能完成引流任务。

  对于第三种网友，他们对该产品并不感兴趣，没有购买欲望，只是围观而已。针对这种情况，如果主播进行合理引导的话，也可能将其转变为购买群体。比如，2019年一次直播中，"带货一哥"李佳琦推荐了一款男士护肤品，反复说："买给你们的男朋友吧，这个真的很划算……"但是直播间的女粉丝们并不买账，还纷纷留言："他不配，他不配……"可想而知，这个产品的销量必然惨淡，因为他并没有抓住粉丝们的需求痛点。在后来的一次直播中，李佳琦又推荐了一款男士沐浴露，在介绍完基本情况后，直接说："这个真的很便宜。给男朋友买便宜的吧，这样他就不会偷用你的沐浴露了……"很多女粉丝在忍俊不禁的同时，纷纷下单。被男朋友偷用沐浴露，这是女粉丝的"痛点"，一旦被击中，女粉丝自然就会产生购买欲望，这个时候主播就完成了引流任务。

  总体而言，只有了解网友的诉求，把握他们的需求痛点，才能较好地完成引流任务，让直播间人气爆棚的同时，促使网友用实际行动参与到直播活动中来。

三、提升语言表达技巧

说到底,直播最终还是一门语言艺术,这自然对主播的语言表达技巧提出了较高要求。在网络直播的"野蛮生长"期,主播单纯靠颜值还能赚得盆满钵满,但是在直播行业日趋成熟理性的当下,恐怕就难以为继了。

当前,很多直播平台的主播,要么是一说到底,滔滔不绝,虽然也体现出超强的口才,但是让诸多网友感受到压力,效果并不好;要么是翻来覆去总是说那几句话,让人感到非常干瘪乏味,极有可能在短时间内导致"溢流";要么干脆就进行内容展示,总是让网友"自己看""自己听""自己考虑",没有丝毫的引导性,结局也并不美妙。好的主播应当在直播间拿捏有度,该说的时候一定要大胆说,不该说的时候一定要学会节制。

其实,语言表达的技巧和内涵更是吸引网友的重要因素。我们以2020年著名的"小朱配琦"直播为例进行简单分析。

在这场全民关注的直播带货活动中,朱广权受到诸多网友的热烈追捧点赞,相比之下,"带货一哥"李佳琦就明显"落了下风"。尽管朱广权早已经是著名的段子手,但是总体上还是体现在传统的电视媒体上,并不为广大的网友所知晓,因此他一进直播间就来了一段巧妙的四连押的名言名句:"初来乍到,技术不好,手艺不妙,请多关照,我命由我不由天,我就属于佳琦直播间。"在推荐大家购买湖北土特产的时候,朱广权更是以深厚的语言功底为基础妙语连珠。"激动的心,颤抖的手,推荐什么大家都买走","烟笼寒水月笼沙,不止东湖与樱花,门前风景雨来佳,还有莲藕鱼糕玉露茶,凤爪藕带热干面,米酒香菇小龙虾,守住金莲不自夸,赶紧下单买回家……买它买它就买它,热干面和小龙虾",几段话将湖北的特色小吃几乎全融进去,既有流行语,还化用古诗词,一气呵成毫无违和感。朱广权在推荐武汉热干面时,更是让大家非常佩服他。李佳琦是这样说的:"大汉口是武汉非常知名的热干面品牌,已经卖向全世界26个国家,全球畅销15年,有4项发明专利,不是那种普普通通工厂出来的产品……"到了朱广权,他从武汉的历史入手,娓娓道来:"武汉是历史文化名城,楚文化发祥地,春秋战国以来一直都是中国南方的军事商业重镇,来到武汉有很多地方值得去转,比如你可以漫步东湖之畔,黄鹤楼上俯看,荆楚文化让人赞叹,不吃热干面才是真的遗憾。"在历史的沉浸感中,朱广权话锋一转,回到现实:"热干面看似泼辣,但是热心肠,你需要不断地翻转他、品他,细品才能品出他的滋味,这就叫人间烟火气,最抚凡人心。"末了,朱广权还不忘来一曲小调:"黄鹤楼,长江水,一眼几千年,老汉口,热干面,韵味绕心间,愿亲人都平安,春暖艳阳天。"就这样,3万组热干面瞬间被网友抢购一空。可以说,朱广权用超强的语言艺术,深深打动了诸多网友,使他们再也不能无动于衷,"买它买它就买它"!

  不少网友为朱广权的突出表现大大点赞,殊不知,这种语言表达技巧和内涵,是建构在大量的阅读和生活阅历基础之上的。要做一个优秀的网络主播,非一日之功!

第六章
网络直播的规范管理

在过去的几年里,网络直播得到迅猛发展。它在一定程度上改变了大众生活方式,此外,作为一种新的经济发展模式,对当前和今后的社会影响不可低估。从 2016 年的"野蛮生长""千播大战"开始,在经过几轮洗牌之后,网络直播行业逐步回归理性。这一方面是市场竞争的结果,另一方面也是规范管理效果的初步彰显。但是网络直播存在的各种问题依然不可小觑,因此规范管理还将以常态的方式长期发挥作用。网络直播的规范管理,从当前状况讲,可以大致分为三个层级:其一是各个平台的自我管理;其二是直播行业的行业规范;其三是国家法律法规对它的规范乃至惩处。

第一节 直播平台的自我管理

网络直播经过多年的发展,已经走过先前依靠新奇形式和颜值主播来"跑马圈地"的粗放式阶段,转而朝着以定位明确、深耕内容为主的集约式方向发展。早期的直播乱象在一定程度上得到好转,但若想追求长远发展,直播平台必须时刻强化自我管理。

一、走向理性发展的直播

在最初的"野蛮生长"时期,网络直播由于准入门槛较低,自律意识较弱,因此呈现出乱象迭出的状况。

2016 年的"千播大战",更是将网络直播乱象直接放大,主要可以从"失德""失范""失真"三个方面去理解。

其一,内容低俗而杂乱,体现出明显的"失德"。由于最开始网络直播的入驻门槛非常低,基本上可以说是零门槛,不需要提供身份证信息,甚至不需要提供任何资料,用一台手机就可以实现网络直播,而一些草根蹿红的案例刺激着更多的人蜂拥而上进入直播行业,呈现出"众神狂欢"的状况。但是由于一切都以眼球经济为前提,以流量经济为旨归,各种稀奇古怪、低俗庸俗的内容充斥着各大平台。比如各种以"大胃王"为卖点的吃播节目,"一顿饭吃13斤面""一次20个汉堡加10瓶可乐",又何尝不是"群魔乱舞"!当然,即便是这些以"吃播"为特色的直播节目,也分为"丧命式吃播"和"作假式吃播",前者是真吃,以身体为代价暴饮暴食,后者是假吃,通过药物催吐或者视频剪辑的方式来完成"吃量"……这种"大吃特吃"带来的视觉和听觉的冲击感,刺激着网友的感官,最终收割了巨大的流量。还有以各种情色为卖点的直播,奉行"越低俗越快乐",带有"卖肉""暴露"等元素的各种"软情色"充斥屏幕,"直播换衣服""直播造人"简直没有任何底线……这些失德行为,严重破坏了网络生态,对青少年的健康成长带来了极恶劣的影响。

其二,不顾公共空间,任性而为,出现诸多"失范"。失范行为或者是平台的问题,或者是主播的问题,或者是用户的问题,都应当引起人们的极大重视。网络属于公共空间,因此无论是平台还是主播、用户,都应当约束自己的行为,以传达正能量和正确的价值观为基本前提,体现相应的社会责任。比如有的平台有意引导用户过度消费、高额打赏,从而形成一股不好的风气;有的平台在内容上不投入精力进行原创,以抄袭和复制别人的产品为主,或者随意剪裁,或者断章取义,形成了侵权;有的主播"三观"不正,在直播间信口开河,传播不正确的观点;有的用户认为网络是法外之地,在直播间里用脏话、粗话来"释放自我"……这些失范行为,都极大地破坏了网络直播生态系统。

其三,唯利至上,追求"短频快",出现诸多"失真"。有的直播间为了达到吸睛、"涨粉"的目的,有意识地炒作一些未经核实的新闻事件,甚至直接把一些谣言、封建迷信、神秘主义的内容纳入直播间,并将其无限放大,从而产生极为不良的社会影响;有的平台直接推送虚假广告信息,在带货直播时直接为假冒伪劣产品站台,虚构数据误导消费者;有的平台通过技术手段进行虚假打赏,并通过相应的水军造势,将主播捧成"网红",诱骗普通网友进行真金白银式的打赏;有的平台通过一些所谓的直播理财课,诱导网民进行所谓的投资理财、网上借贷等,踩着法律法规和政策的红线进行不当获利活动……这些做法,使得网络直播平台无奇不有,网友稍有不慎就"中招"。

网络直播乱象迭出，罪魁祸首还是侥幸心、功利心、猎奇心的存在。如果每个网络用户都能够在侥幸心、功利心和猎奇心面前保持清醒的头脑，相关网络直播平台也就失去了可乘之机。话虽如此，由于网民构成非常复杂，其网络素养也良莠不齐，不可能要求每个人都能够严格自律，因此，要破解网络直播乱象，只有正本清源，各个层面齐心合力加强管理，才能奏效。当前，基于一些直播平台良性运转带来的示范作用，以及相关职能部门的齐抓共管，网络直播总体上是在向良性、理性的方向发展。

二、对主播和内容的规范

目前，各大网络平台在自我管理上，逐渐加大了对主播和内容的规范管理，这对于治理网络直播乱象有正本清源的作用。网络直播平台在自我约束和监管上主动积极作为，是直播行业健康良性发展的重要保证。

我们以斗鱼直播平台为例简单说明其对主播和内容的规范。

斗鱼直播平台根据实际情况，于2016年发布了《斗鱼直播内容管理规定》（下称《管理规定》），并根据行业和业务发展多次进行修订，以实现自我规范管理和约束。这个《管理规定》中明确规定，对平台下所有的直播间采用"量化计分扣分管理"的管理方式，既有对主播的约束，也有对内容的框范，具有较强的可操作性。

比如，关于主播，《管理规定》明确规定"严禁进行反党反政府或带有侮辱诋毁党和国家的行为""严禁直播违反国家法律法规的内容""严禁进行威胁生命健康，或利用枪支、刀具表演""禁止侵害平台合法权益和妨碍平台正常运营，利用平台漏洞获取非法利益""禁止以任何方式诋毁、损害平台形象，发布与本平台相关的不实信息、恶意信息""严禁利用平台或其他社交媒体私下发布违法信息""禁止歪曲、丑化、亵渎、否定英雄烈士的事迹和精神""禁止调侃自然灾害、历史事件、发表相关不当言论""禁止宣扬或恶意炒作不正确或非主流价值观、人生观、世界观"……这些禁止类的规定，极大地规范着网络主播的言行。

同时，《管理规定》还对平台直播内容行为规范进行了明确规定，如"严禁播放和宣传涉赌、涉毒、涉黄等违法行为的擦边类直播内容""严禁直播任何涉嫌违法行为""严禁直播血腥、暴力、恶心等引起观众视听不适的内容行为""严禁主播在无任何保障措施下的情况下直播高风险内容或威胁生命健康的内容"……在每个条款禁止的内容方面,《管理规定》还进行了明确的细化,从而让每个参与直播者明白"可为"和"不可为"。

其他网络直播平台也针对实际情况和平台自身发展制定了相应的细则来对主播和直播内容进行相应的规范。比如《虎牙直播平台规则》《淘宝直播平台管理规则》《YY 主播违规管理方法》《映客主播管理规范》等。尽管各个平台的相关规定的侧重点不一样,但是都是以遵守法律法规、社会公共道德伦理等为基本前提的。可以说,只有在主播和内容上把握底线思维,才能从源头上保证网络直播良性发展。

三、对用户的规范化管理

尽管各大直播平台针对主播和直播内容做出了明确规定,但是很多时候一些主播和直播间的相关违规行为和违规内容屡禁不止,最主要还是因为用户有"需求",也就是说这些违规行为和违规内容有一定的市场。

网络直播中的违规行为和违规内容在一定程度上放大了人的丑恶和阴暗面,因此,对用户进行适当的规范化管理,对净化网络直播环境也是非常有益的。目前,大多数直播平台都已经落实了用户实名制,并有相应的"注册协议"等来进行约束。

我们仍以斗鱼直播平台为例,简单说明一下直播平台对用户的规范化管理。斗鱼根据国家相关法律法规以及《斗鱼用户注册协议》《斗鱼用户阳光行为准则》等,制定并发布了《斗鱼用户阳光行为规范》(下称《行为规范》)。比如,《行为规范》第十一条规定:"用户斗鱼账号头像、昵称、个性签名等注册信息和认证资料及用户在斗鱼平台上传、发布、传输的所有文字、图片、视频、音频均不得含有违背国家法律法规政策和社会公序良俗、危害国家及社会公共利益、侵犯第三方合法权益、干扰斗鱼平台正常运营的内容。"在其后,《行为规范》还列举了若干条用户应当遵循的行为规范,并且明确表达若用户违反规范约定,根据情节严重程度,应给予不同程度的处罚,分为:"1 级处罚:警告。2 级处罚:禁言。3 级处罚：封禁账号 1 至 30 天。4 级处罚：封禁账号 30 至 360 天。5 级处罚：永久封禁账号并拒绝再次为该用户提供任何服务。"

其他各大网络直播平台也都有各种各样版本的关于用户行为规范的规定。这些规定都引导和提醒用户应当注意自己在网络直播中的言行，一旦出现失范或者违规行为，直播平台有权对其进行相应的处罚直至停止为其服务，并通过法律手段追究其责任。

其实，用户在每个直播平台注册时，平台都会事先告知注册协议，且不同意就不能完成注册，似乎对用户形成很大约束。但是，由于这个注册协议属于格式合同，各个平台大同小异，用户一般也不会认真阅读，因此实际上并没有发挥相应的效力，大多算是各个平台因为"提前告知"而免责的一种手段而已。

第二节　直播行业的行业规范

尽管各个网络直播平台针对主播、内容、用户都做出了相应的规定，而且不少规定还比较细致，具有相当的可操作性，但是依然抵不住直播乱象的出现。在现实中，各个直播平台之间存在着明显的竞争关系，有时候适当的"出格行为"，居然成为应对竞争的"必备手段"。因此，不少平台认为太过于严苛的规定无异于"自断财路"，所以执行相应的规定时往往自打折扣，管理效果可想而知。在这种情况下，相关行业组织应从一视同仁的角度出发，制定相应的行业规范，这样才能对每个平台形成约束。同时，行业规范还可能促成各个平台在竞争中形成相互监督的局面。

一、行业组织介入规范

所谓行业组织，是指由作为行政相对人的公民、法人或其他组织在自愿基础上，基于共同利益要求所组成的一种民间性、非营利性的社会团体。行业组织致力于维护行业的共同秩序，追求行业的共同利益，同时也在行业成员与政府之间扮演沟通者和协调者的角色，因此相关企业大都会加入其中成为会员，接受其相应的约束。

自从互联网进入我国以来，我国先后成了不少全国性的和地方性的互联网协会。比如成立于 2001 年的中国互联网协会就是一个全国性的互联网行业组织，在推动互联网良性发展方面起到了一定的作用。网络直播属于互联网发展到一定阶段的新形态，自然也会受到互联网协会等相关行业组织的约束。目前，全国层面的网络直播行业协会尚未完成注册，但是已经有全国性行业协会注册了与网络直播有关的二级协会（专业委员会），比如在中国电子商会下面就注册成立有网络直播与短视频专业委员会。此外，全国不少省市如北京、浙江、深圳等地已经注册成立省级或者市级网络直播行业协会。这些团体在规范网络直播发展上起到了一定的作用。

2020 年 6 月 26 日，中国广告协会[①]发布网络直播行业的第一份行业自律文件——《网络直播营销行为规范》，目的是"为营造良好的市场消费环境，引导网络直播营销活动更加规范，促进网络直播营销业态的健康发展"。这个根据《中华人民共和国电子商务法》《中华人民共和国消费者权益保护法》《中华人民共和国广告法》《中华人民共和国产品质量法》《中华人民共和国反不正当竞争法》等法律、法规、规章和有关规定制定的行为规范，分别从"商家""主播""网络直播营销平台""其他参与者"等几个方面对涉及网络直播营销的各个主体予以不同程度的规范，对净化网络直播营销环境起到了很好的促进作用。比如针对主播，有很多条具体的规定："主播发布的商品、服务内容与商品、服务链接应当保持一致，且实时有效。法律、法规规定需要明示的直接关系消费者生命安全的重要消费信息，应当对用户进行必要、清晰的消费提示。""主播向商家、网络直播营销平台等提供的营销数据应当真实，不得采取任何形式进行流量等数据造假，不得采取虚假购买和事后退货等方式骗取商家的佣金。"……这样的规范，既是对用户利益的保障，也是对商家利益的保障，

---

① 中国广告协会于 1983 年 12 月 27 日至 31 日在北京召开第一次代表大会时正式成立。中国广告协会是由广告主、广告经营者、广告发布者、广告代言人（经纪公司）、广告（市场）调查机构、广告设备器材供应机构等经营单位，以及地方性广告行业组织、广告教学及研究机构等自愿结成的行业性、全国性、非营利性社会组织。

同样也是让主播真正走上健康良性的道路，可谓是切实有效。

各个省市也陆续发布有关网络直播行业的自律文件。如《北京网络直播行业自律公约》（下称《公约》）于2016年4月13日由北京网络文化协会正式发布。2016年6月1日，北京网络文化协会在北京市文化执法总队召开新闻发布会，通报《公约》实施一个月以来的落实情况，其中有40名违规主播因为直播内容问题而被永久封禁。2020年6月和7月，浙江省电子商务促进会先后发布《直播电商人才培训和评价规范》《电子商务直播营销人员管理规范》等，要求电子商务直播销售人员不但要在直播前进行个人购买体验，还要将产品的不利信息在直播中做必要说明。2020年11月，在浙江省电子商务促进会的牵头下，《电子商务直播服务规范》在经过征求意见、专家评审、网上公示等程序之后正式发布，成为又一个对网络直播有影响的行业规范。

事实上，各个网络直播平台也意识到，网络直播行业要行高走远，必须遵从相应的行业规范。因此，今后网络直播行业还将出现更多、更严格的行业规范，它们对净化网络直播行业环境，推动直播行业发展将起到应有的作用。

二、直播走向联合自律

除了遵守相关行业组织牵头起草制定的与网络直播相关的行业规范外，各个大型直播平台也意识到，踩踏政策乃至法律法规红线追求行业发展无异于饮鸩止渴，最终还是要靠自律来实现自我净化，从而走上良性发展之路。

2017年7月8日，第三届全国"互联网安全与治理论坛"在浙江杭州举行。这次论坛由公安部网络安全保卫局、浙江省公安厅、浙江日报报业集团、杭州市公安局指导，浙报数字文化集团股份有限公司主办，论坛主题为"大数据时代的互联网治理创新"。这次论坛特别举办了"网络直播行业自律联盟成立仪式"（图6-1），由北京网络行业协会会长袁旭阳就成立该联盟的目的、意义、作用进行了详细的介绍。成立联盟最终是为了集合行业力量，发挥行业特点，坚持正确价值导向，在弘扬社会主义核心价值观，传播正能量，传播真善美等方面发挥积极作用。由映客直播、斗鱼 TV 等全国 18 家直播平台企业代表上台签字并宣誓严格遵守网络直播行业自律联盟的章程，共同为规范直播平台自律行为，提高自律水平，实现联盟的自我监管、自我治理，推动直播行业自律标准的建立，着重打造绿色健康的直播环境而努力。直播行

图 6-1　网络直播行业自律联盟成立

业只有从行业上做好自律，才能推动自身的良性发展。走向自律，是网络直播发展的重要趋势。

三、竞争中的行业监督

现在回头看 2016 年的"千播大战"，让人感慨颇多。2016 年被称为"中国网络直播元年"，是指在同一时间，好几百家直播 App 同时上线，共同瓜分初兴的网络直播市场。网络直播在初期"野蛮成长"，当然有其根本的原因：其一，这种新型的带有很强社交性的表达方式，很好地迎合了青年一代的需求，成为才艺展示、情感释放等的重要平台；其二，直播的低门槛性且见效快吸引了不少"热钱"注入。但是，短暂的繁华之后，不少平台纷纷关闭，停止直播业务，有人甚至用"寒冬"来形容一年之后的直播行业。这种说法虽然略显夸张，但是经过多轮洗牌之后，的确有很多直播平台先后关闭或者转型，目前只剩下几十家直播平台还在正常运营。想当年，何其灿灿，现如今，何其凄凄……

直播平台从"野蛮生长"逐步走向理性发展，一方面是市场优胜劣汰的结果，另一方面则是行业自身净化的结果。在行业自身净化的过程中，除了各个平台在内容、主播、用户等各个方面的约束外，还有各个平台立足于竞争基础上的行业监督。网络直播发展到今天，每个平台都已经明白

先前那种"唯流量是举""唯眼球是举"的时代已经一去不复返,现今必须依靠内容来取胜。内容不光是要规范合法,还得是有吸引力且诚意满满的"干货"。各个平台的自我约束,一方面是提升自我的底气,另一方面也是给其他平台提供了相关的样板。尤其是规模比较大的平台的立竿见影的自我约束,让其他中小平台看到未来的发展希望,因此也会恪守"内容为王"的本分和理念,并将其作为发展的前提。这样一来,各个平台之间实际上形成一种良性的"相互监督",从而走向理性发展道路。

当然,直播行业之间的相互监督目前还是处于一些理想化阶段,它需要相关直播平台以"壮士断腕"的勇气真正回归到"内容为王"的轨道上来,这样坚持下去,必然走向良性循环。行业间的相互监督,并不是鼓励各个平台之间相互的恶意举报,以攻击乃至毁灭对方为目的,而是以自律为前提,做好自我规范,进而带动整个行业的良好风气塑造,给整个社会传播正能量。客观来讲,从现实的角度看,这种思路和理念还是"道阻且长"。网络直播要根治乱象,进而得到良性发展,除了平台自律、行业相互监管外,依靠相应的法律法规来打击违法违规行为,保护合法合规行为,奖优罚劣,才是长期发展之本。

第三节 直播行业的法律管理

法律法规是现代法治社会的基石。可以说,正因为各项法律法规的存在并根据时代需要不断更新、完善,"有法可依,有法必依,执法必严,违法必究"才能得到保障。对于网络直播行业来说,各项法律法规更为其良性发展起到保驾护航的作用。当然,网络直播作为一种新业态,大量新情况、新问题层出不穷,这使得与直播行业相关的法律法规相对滞后。因此,在未来,国家立法机关以及相关职能部门还将根据网络直播的实际情况,不断制定、调整、优化相关的法律法规,真正使得法律法规成为网络直播行业的行动准则和利益维护者。

一、法律法规的基本构成

从法律效力的层面说,任何一个国家或者地区的法律都存在位阶。所谓法律位阶,就是每一部规范性法律文本在整个法律体系中的纵向等级,下位阶的法律必须服从上位阶的法律,所有的法律必须服从最高位阶的法律。在我国,按照《中华人民共和国宪法》和《中华人民共和国立法法》的立法体制,法律位阶共分为六级,从高到低依次是根本法、基本法、普通法、行政法规、地方性法规和行政规章,它们合称为法律法规。法律法规,指中华人民共和国现行有效的法律、行政法规、司法解释、地方法规、地方规章、部门规章及其他规范性文件,以及对于该等法律法规的不时修改和补充。其中,法律有广义、狭义两种理解。广义上讲,法律泛指一切规范性文件;狭义上讲,法律仅指全国人大及其常委会制定的规范性文件。在与法规等一起谈时,法律是指狭义上的法律。法规主要指行政法规、地方性法规等。相对而言,法律更具有稳固性,而法规则体现出因地因时制宜的特点,是对相关法律的有益补充。

根据我国法律法规的实际情况来看,各个层次的法律法规都有涉及网络直播行业的相关规定,它们共同构成了较为完备的网络直播行业法律法规体系。

2020年5月28日颁布并于2021年1月1日正式施行的《中华人民共和国民法典》,被称为"社会生活的百科全书",对网络直播有宏观性指导和规范。此外,《中华人民共和国刑法》《中华人民共和国民事诉讼法》《中华人民共和国刑事诉讼法》《中华人民共和国行政诉讼法》等也有相关条款与网络直播行业有着直接或间接的关联性。2017年6月1日,《中华人民共和国网络安全法》正式施行,这是一部关于网络安全的专门性法律,对网络安全和网络行业发展有着明显的促进作用。此外,《中华人民共和国广告法》《中华人民共和国反不当竞争法》《中华人民共和国电子商务法》等法律也对网络直播的相关行为进行了保障和约束。

除了国家立法机关制定的相关法律之外,针对发展迅猛的网络行业和网络直播行业,国务院以及下属的各个部委,各个省、市、区都制定了相应的行政法规,从而积极有效地规范着网络直播行业的发展。比如国务院早在 2000 年就颁行了《互联网信息服务管理办法》,并根据实际情况进行修订。2016 年 11 月 4 日,国家互联网信息办公室根据网络直播的实际情况,发布《互联网直播服务管理规定》,并于 2016 年 12 月 1 日起施行。针对网络直播发展中出现的种种问题,相关部门也及时通过法规予以引导。如 2021 年 2 月 9 日,由国家互联网信息办公室、全国"扫黄打非"工作小组办公室、工业和信息化部、公安部、文化和旅游部、国家市场监督管理总局、国家广播电视总局等七部委联合下发了《关于加强网络直播规范管理工作的指导意见》。2021 年 4 月 23 日,国家互联网信息办公室、公安部、商务部、文化和旅游部、国家税务总局、国家市场监督管理总局、国家广播电视总局等七部委联合发布《网络直播营销管理办法(试行)》,自 2021 年 5 月 25 日起施行。2018 年 5 月 1 日,《江苏省广播电视管理条例》正式实施,这是江苏省第一部广播电视地方性法规,明确给网络直播立规矩,提出从事信息网络传播视听节目服务应当依法取得信息网络传播视听节目许可,不得转播、链接、聚合、集成非法的广播电视频道和非法视听节目网站的节目。

图 6-2 对网络直播乱象要"零容忍"

随着网络直播的发展,国家及各省、市、区必定会继续有针对性地出台相应的管理条例、行政规章等。它们共同丰富着网络直播法律法规大家庭,在规范和引导网络直播行业良性发展的同时,也切实保护各方正当权益(图 6-2)。

当然,我们也需要认识到,网络直播的法律管理依然是一个任重而道远的工作,这和法律法规的发展现状有着直接的关系。首先,关于网络直播的法律法规位阶层次相对较低,这直接影响到其法律效力的体现。其次,网络直播发展非常迅猛,各种新情况新问题层出不穷,相对而言，法律法规的制定始终存在滞后性。最后，网络直播情况非常复杂，在管理上也往往是牵一发而动全身，因此在法律管理上也面临着复杂局面，在执行上也存在诸多现实难题。但是，正因为如此，对网络直播的法律管理更不能有丝毫懈怠。只有时刻保持警惕之心、体现责任担当、把握与时俱进的思维，才能推动网络直播行业真正走上法治化管理的道路。

二、网络直播的分类管理

根据网络直播的发展实际，我们可以发现，相关法律法规对这一行业的规范管理可以从多个层面进行相应的解读，体现出分类管理的特色。

首先是对网络直播经营者的基本管理。

按照法律法规的规定，我国对网络直播经营者采用准入管理制度。比如《互联网信息服务管理办法》中明确指出："从事互联网信息服务，属于经营电信业务的，应当取得电信主管部门电信业务经营许可；不属于经营电信业务的，应当在电信主管部门备案。未取得电信业务经营许可或者未履行备案手续的，不得从事互联网信息服务。"

在直播业务运行中，法律法规也明确其相关资质、人员配置、技术条件以及基本功能等，以彰显其社会责任，如《互联网直播服务管理规定》中明确规定："互联网直播服务提供者应当落实主体责任，配备与服务规模相适应的专业人员，健全信息审核、信息安全管理、值班巡查、应急处置、技术保障等制度。提供互联网新闻信息直播服务的，应当设立总编辑。""互联网直播服务提供者应当建立直播内容审核平台，根据互联网直播的内容类别、用户规模等实施分级分类管理，对图文、视频、音频等直播内容加注或播报平台标识信息，对互联网新闻信息直播及其互动内容实施先审后发管理。""互联网直播服务提供者应当具备与其服务相适应的技术条件，应当具备即时阻断互联网直播的技术能力，技术方案应符合国家相关标准。"

其次是对网络直播内容的基本管理。

网络直播本质上还是网络信息服务，因此相关法律法规对其内容方面进行了明确规定，从而极大地净化了网络空间，保护了大众利益。当前，网络直播乱象迭出，由国家互联网信息办公室等七个部门联合下发的《关于加强网络直播规范管理工作的指导意见》明确指出："网络直播行业存在的主体责任缺失、内容生态不良、主播良莠不齐、充值打赏失范、商业营销混乱、青少年权益遭受侵害等问题，严重制约网络直播行业健康发展，给意识形态安全、社会公共利益和公民合法权益带来挑战，必须高度重视、认真解决。"这里列举的种种现象，大多还是在内容层面出了问题。2021年5月25日起开始施行的《网络直播营销管理办法（试行）》明确规定："直播间运营者、直播营销人员从事网络直播营销活动，应当遵守法律法规和国家有关规定，遵循社会公序良俗，真实、准确、全面地发布商品或服务信息。""真实、准确、全面"是各直播平台发布相关信息的基本前提。在此基础上，各个直播平台也根据实际情况对内容进行较为细致的规定。在直播内容上，只有坚持主体责任，以弘扬正能量为导向，才能真正保证直播效果。

《关于加强网络直播规范管理工作的指导意见》中对依附于新技术而出现的直播内容也有明确的规定："网络直播平台应当建立健全信息安全管理制度，严格落实信息内容安全管理责任制，具备与创新发展相适应的安全可控的技术保障和防范措施；对新技术新应用新功能上线具有舆论属性或社会动员能力的直播信息服务，应严格进行安全评估；利用基于深度学习、虚拟现实等技术制作、发布的非真实直播信息内容，应当以显著方式予以标识。"

最后是对网络直播用户的基本管理。

用户在某种程度上是网络直播行业的"衣食父母"，决定着这一行业的"钱途"和未来发展，但尽管这样，网络直播平台也不能完全去迎合他们的想法和需求，依然应当依法依规对其进行相应的管理。对网络直播用户的有效管理，也是提升他们网络素养的必要手段。

2015年2月4日，国家互联网信息办公室发布《互联网用户账号名称管理规定》，并于2015年3月1日施行，明确要求"互联网信息服务使用者在账号名称、头像和简介等注册信息中不得出现违法和不良信息"，并在第五条中明确指出："互联网信息服务使用者注册账号时，应当与互联网信息服务提供者签订协议，承诺遵守法律法规、社会主义制度、国家利益、公民合法权益、公共秩序、社会道德风尚和信息真实性等七条底线。"2019年12月15日，国家互联网信息办公室发布《网络信息内容生态治理规定》，并于2020年3月1日起施行，这被评选为2020年中国网络安全大事件。这一法规专门用了一章内容来规范"网络信息内容服务使用者"，比如："网络信息内容服务使用者应当文明健康使用网络，按照法律法规的要求和用户协议约定，切实履行相应义务，在以发帖、回复、留言、弹幕等形式参与网络活动时，文明互动，理性表达，不得发布本规定第六条规定的信息，防范和抵制本规定第七条规定的信息。"《关于加强网络直播规范管理工作的指导意见》也明确规定："网络直播用户参与直播互动时，应当严格遵守法律法规，文明互动、理性表达、合理消费；不得在直播间发布、传播违法违规信息；不得组织、煽动对网络主播或用户的攻击和谩骂；不得利用机器软件或组织'水军'发表负面评论和恶意'灌水'；不得营造斗富炫富、博取眼球等不良互动氛围。"

此外，相关法律法规还对网络直播用户中的未成年人保护提出了具体要求。如《关于加强网络直播规范管理工作的指导意见》中规定："网络直播平台应当严禁为未满16周岁的未成年人提供网络主播账号注册服务，为已满16周岁未满18周岁未成年人提供网络主播账号注册服务应当征得监护人同意；应当向未成年人用户提供'青少年模式'，防范未成年人沉迷网络直播，屏蔽不利于未成年人健康成长的网络直播内容，不得向未成年人提供充值打赏服务；建立未成年人专属客服团队，优先受理、及时处置涉未成年人的相关投诉和纠纷，对未成年人冒用成年人账号打赏的，核查属实后须按规定办理退款。"

三、违法违规行为的惩处

有人认为我国的法律法规是"限制有余，保障不足"，殊不知，诸多"限制"，就是为了"保障"更多人的利益。我国关于网络直播的法律法规较为丰富，为净化网络环境、保护广大网民利益提供了切实保障。针对网络直播中出现的各种违法违规行为，相关法律法规也做出了明确的惩处意见。总体上看，这个惩处意见大致可以分为三级：根据违法违规程度进行数额不等的罚款，并限时予以整改修正；限制使用乃至不得使用互联网信息服务以及网络直播平台；由相关机构进行民事、刑事处罚。在实际惩处中，三种手段往往是结合在一起的，从而发挥法律法规的实际效力。

根据违法违规程度进行数额不等的罚款，主要是通过经济手段来规范相关机构或者法人的行为，以促使其回到正常的互联网信息服务轨道上来。例如，在《互联网信息服务管理办法》中，有这样的规定：对于没有经过职能部门批准擅自进行网络直播服务的，"由电信主管部门责令互联网网络接入服务提供者停止为其提供接入服务，没收违法所得，可以并处50万元以下罚款"。又如，"对法律、法规禁止发布或者传输的信息未停止传输、采取消除等处置措施、保存有关记录的，由网信部门、电信主管部门、公安机关依据各自职责责令改正，给予警告，没收违法所得；拒不改正或者情节严重的，处10万元以上50万元以下罚款，并可以责令暂停相关业务、停业整顿、关闭网站、由原发证机关吊销相关业务许可证或者吊销营业执照，对直接负责的主管人员和其他直接责任人员，处1万元以上10万元以下罚款"。

在限制乃至不得再提供互联网信息服务的相关惩处中，"限制"可谓是"黄牌警告"，"不得"则是"红牌罚下"，根据违法违规程度不同予以区别对待。比如有这样的规定："国家设立互联网信息服务黑名单制度，被主管部门吊销许可或取消备案的组织和个人，三年内不得重新申请相关许可或备案；被主管部门责令注销账号、关停网站的组织和个人，相关互联网服务提供者三年内不得为其重新提供同类服务。""直播营销平台应当建立黑名单制度，将严重违法违规的直播营销人员及因违法失德造成恶劣社会影响的人员列入黑名单，并向有关主管部门报告。"

由相关机构进行民事、刑事处罚也是对网络直播中违法违规行为的处罚。和网络直播相关的法律法规都明确表达，"违反本办法规定，对他人造成损害的，依法承担民事责任；构成违反治安管理行为的，依法给予治安管理处罚；构成犯罪的，依法追究刑事责任"。我国《治安管理处罚法》《民法典》《刑法》等都针对网络的违法行为进行了明确规定。比如现行

《刑法》第二百八十六条针对"拒不履行信息网络安全管理义务罪"如此规定："网络服务提供者不履行法律、行政法规规定的信息网络安全管理义务，经监管部门责令采取改正措施而拒不改正，有下列情形之一的，处三年以下有期徒刑、拘役或者管制，并处或者单处罚金：（一）致使违法信息大量传播的；（二）致使用户信息泄露，造成严重后果的；（三）致使刑事案件证据灭失，情节严重的；（四）有其他严重情节的。"第291条针对"编造、故意传播虚假信息罪"，如此规定："编造虚假的险情、疫情、灾情、警情，在信息网络或者其他媒体上传播，或者明知是上述虚假信息，故意在信息网络或者其他媒体上传播，严重扰乱社会秩序的，处三年以下有期徒刑、拘役或者管制；造成严重后果的，处三年以上七年以下有期徒刑。"

无论是网络直播经营者、网络直播信息提供者，还是网络直播用户，都需要为自己的违法违规行为"买单"，接受相应的惩处。当然，惩处不是目的而是手段，最终的目的是营造风清气正的网络空间，使网络直播成为向大众传达有效信息和正能量的平台，切实保障大众的权益。

第七章
网络直播案例解析

网络直播在几年的发展过程中，走过了初期的"野蛮增长"，转向当前的以质取胜，这是竞争的必然结果。一些具有代表性的直播平台、直播案例给当前的网络直播提供了示范的样本，也提供了反思的视角。

第一节　YY 直播

YY 直播是一个包含音乐、科技、户外、体育、游戏等内容在内的国内全民娱乐直播平台，移动端月活跃用户超 4 100 万人，签约星级主播超 150 万名，在社会上有较高的认知度和影响力。从 YY 语音阶段到 YY 直播阶段，YY 十几年发展史贯穿了网络直播行业生命周期的萌芽期、探索期、成长期和成熟期。对其进行个案研究，有助于加深我们对直播行业的理解。

一、YY 直播平台介绍

YY 直播脱胎于 2008 年上线的通信工具 YY 语音，是国内最早做网络视频直播的平台之一，主要服务于网络游戏玩家。当时游戏《魔兽世界》爆火，创始人李学凌敏锐地观察到，玩家们组队打副本须进行大量的沟通配合，打字功能已很难满足玩家需求。YY 当时作为一款"团队语音辅助工具"，凭借清晰稳定的语音服务和网络质量很好地满足了玩家需求。随后，YY 语音用户群体激增，覆盖了包括游戏玩家、素人歌手等在内的多种用户，为满足不同用户需求，YY 逐渐发展出歌舞表演房间等秀场直播功能并转型成直播平台——YY 直播。2012 年 YY 母公司欢聚时代美股上市。2020 年 11 月，百度以 36 亿美元全资收购欢聚集团国内直播业务（YY 直播），包括但不限于 YY 移动应用、YY.com 网站和 YY PC 客户端等。截至 2020 年年底，YY 总月活破亿，移动端月活跃用户 4 000 万人左右。YY 直播移动端月活跃用户近 4 000 万人，有超过 150 万名星级主播，平台签约公会近 3 000 个。①

YY 直播是由平台运营、公会、主播及用户共同组成的一个活跃的直播生态系统。

平台运营方以直播为核心业务，平台经营成本主要来源于带宽费用、明星签约费用、主播签约费用、自身运营费用四大块；平台利润则主要来源于直播用户充值、广告商广告费、游戏充值付费等。直播业务增加的经营成本，在直播外又用游戏、广告等摊薄成本，这对于那些收入来源单一的平台是个成熟可借鉴的经营范本。公会相当于经纪人角色，分为金牌公会、星级公会和普通公会，公会主要起到为 YY 发掘、培养、输送、管理主播的作用。主播指在 YY 频道以音视频方式向观众提供多种表演内容的人群。

主播通过直播间聚集人气；公会利用其自身频道影响力帮助主播提升知名度，并分担主播线上运营的压力；平台为主播和公会提供成长空间，再借助主播的知名度和影响力，收割网络流量和人气。主播、公会、平台三方各司其职，多方利益良性共生，最终收入由主播、公会和平台方按比例分成。

早期 YY 业务模式的创新在相当程度上由用户驱动，比如当时游戏玩家自发地在 YY 语音通信工具上进行歌唱等内容的表演，促使 YY 直播变成一个 UGC（User Generated Content，用户生成内容）的视频直播内容平台。而到了业务高速发展后期，活跃用户基数大，需求渐趋多样化、个性化，YY 直播也适时构建了产品矩阵，搭建自营流量分发平台，开发网络游戏，二次收割用户流量。

YY 产品可以分为语音和直播两大板块。早期 YY 直播的产品形态为 PC 网站和 PC 客户端，后来走向移动终端，为用户提供了视频直播、多人语音、贴心私聊、迷你广场、"炫彩麦片"等多种产品功能（表 7-1）。

---

① 数据来源：欢聚集团 2020 年第四季度及全年财报。

表 7-1 YY 产品功能对比

平台	功能	功能描述
YY 语音	频道	为系统推荐的频道，如果您想快速体验 YY 平台语音乐趣，可以直接双击进入系统给您推荐的热门频道
	排行	为 YY 平台上各类频道的在线排行频道列表。在这里可以看到各大热门频道
	我的收藏	在 YY 平台上看到不错的频道，可以点击频道内的"收藏"按钮收藏频道，方便以后使用
	底部工具栏	包括系统菜单按钮，查找频道，设置按钮
YY 直播	视频直播	既可随时收看直播视频，又可一键开直播
	多人语音	支持多人同时在线语音聊天
	贴心私聊	除了在世界公屏群聊外，观众也可以一对一私聊
	迷你广场	快捷窗口，帮助快速找到精彩直播内容
	"炫彩麦片"	上麦名片设计，让开麦变得简单时尚

二、YY 直播用户运营

2016 年"千播大战"以来，各种直播平台层出不穷、花样百出，市场瞬息万变。而作为国内第一家在纳斯达克上市的直播平台，面对众多强劲对手，YY 直播是如何应对市场冲击保持自己的优势的呢？我们对用户运营模式进行简要分析。

（一）网络公会

YY 公会相当于经纪人，一方面起到为 YY 发掘、培养、输送、管理主播的作用，另一方面还负责管理频道内大小事务，通过频道连接主播和观众，聚集人气和流量。公会分为金牌公会、星级公会和普通公会，金牌公会和星级公会是经过 YY 直播官方平台认证，具有招募、管理、培养主播的资质的公会。金牌公会是 YY 直播平台上权限最大的公会，与 YY 直播官方签署了合作协议，可以签约金牌艺人、获取金牌推荐资源。

公会采用金字塔式的管理结构，可以容纳最多一万人进行集中管理。管理者可以按照会员类型、军团分配分组。公会的主要盈利来源于主播收礼物的分成、合作费、赞助费。

公会运营管理主播和观众，既保障了频道热度，又能给公会和主播带来相当可观的收入。比如频道YY90001，是中国职业战队WE的官方频道，拥有400多名优秀主播，由WE创始人King运营，是YY直播人气最高的公会之一，日均最高在线人次曾达到30万人，公会年收入达数千万元。舞帝传媒（公会）旗下主播人数曾超过8 000人，拥有粉丝超过1亿人，年打赏收入超过2.1亿元，成了当时YY直播里估值最高的公会之一。

（二）网络主播

一个直播平台的主播质量，可以在很大程度上决定该平台的流量大小，因此各直播平台依据自身业务发展出了各具特色的主播培育模式。与依靠独家协议将主播捆绑的思路不同，YY打通了"培养明星主播—制作原生内容—流量变现"的商业闭环，在主播培养上有一套自己的模式。

一方面，YY十分重视原生主播的长期培养，通过多项激励计划，使主播续约率一直保持在80%以上，在行业处于较高水平；另一方面，YY一直重视主播明星化战略，推动了摩登兄弟、小阿七、戴羽彤等特色主播出圈，支持旗下主播多平台发展，而主播出圈后也会将更多跨越圈层的粉丝带回平台，从而带动直播平台用户增长。2018年，主播小潘潘在YY发布歌曲《学猫叫》，22天即火爆全网，小潘潘随后得到主流媒体关注，接连荣登央视三个重量级综艺节目，YY平台一时间也涌入大量新用户。该案例正是YY直播生态强大赋能作用的集中体现。

同时，YY平台还采用多变互动玩法，强化网友对主播的认同。滤镜加持就是其中的一种。直播行业深谙"颜值经济"的巨大吸金能力。除游戏竞技类主播外，美女主播占据流量甚多，已然成了"视觉消费品"，可以被塑造成各种形式并服务于用户。在注意力稀缺的网络环境下，利用美白、瘦脸、磨皮等滤镜美化主播颜值，已经成了主播的标准出镜手段，这一点YY平台自然也不例外。主播连麦"PK"玩法是YY平台的又一门"绝杀技"。具体玩法就是两位主播连麦后在规定时间内进行唱歌、聊天等形式的"PK"，由双方粉丝投票决定输赢。这种直播玩法被当作主播快速涨粉的利器，同时也是增加直播观看性、刺激粉丝消费的热门玩法。

收入也是培养和留住主播人才的重要手段。主播收入通常有两大来源：工资提成收入和公会抽成收入。工资提成收入没有公开权威的数据可查，根据协议为几千元到几万元不等。公会抽成收入是指扣除平台佣金后，主播与公会按照协议的抽成比例分配后所获得的收入。某主播晒出的2020年排名前七的主播收入统计显示，前两位主播年收入已超过8 000万元，剩余几位收入在3 500万元到7 500万元；新主播虽没有头部主播"日进斗金"的能力，但平台对新主播也会提供完备的扶持举措。

（三）社群运营

首先是着力打造YY会员体系。YY直播的综合性使其在社交上有得天独厚的基础。YY会员共分为八个等级。不同等级会员拥有不同的会员特权。特权包括频道红名、"V"字图标、歪歪排名靠前、会员表情、等级加速、游戏礼包、YY直播优先、频道置顶等。会员体系是运营方为了活跃用户、增加用户黏性而推行的激励机制。频道主播粉丝规模大，分等级便于精细化运营核心会员和普通会员。每个直播频道就是一个社群，能够汇聚私域流量。YY直播打赏收入不菲，说明平台有较强的会员货币化能力，更要充分挖掘不同等级会员的积极性。

其次是打造各种交互工具。作为老牌的直播视频互动平台，YY给主播和观众提供了多种智能化、拟人化交互工具。"YY隔空抓娃娃""YY欢乐吐篮球""YY陪我"合称YY三大陪伴神器，交互设计新颖有趣，深受网友追捧。

最后是合理开发YY语音社区。YY语音的社区交流主要分为频道娱乐、语音教学、在线视频直播、普通用户自建频道交流等。频道功能类似QQ群，但互动性比QQ群强很多，用户可以在YY频道里与群友随时语音聊天。

YY是如何留住用户的呢？尼尔·埃亚尔和瑞安·胡佛在《上瘾：让用户养成使用习惯的四大产品逻辑》中提出上瘾模型（the Hook Model），认为想要让用户养成使用习惯，需要具备触发（Trigger）、行动（Action）、奖励（Reward）、投入（Investment）四个要素①（图7-1）。这正好可以用来说明YY直播平台是如何留住用户的。

触发。触发分为外部触发和内部触发两种。内部触发由用户自我主导的，是一种自身情绪驱动的触发机制。用户感受到了产品价值时，就会主动使用产品。直播产品能满足用户的娱乐需求，就是一种先天的内部触发。而外部触发是通过外界信息引

图7-1 上瘾模型

导用户产生行动欲望。YY直播一方面通过包括游戏、综艺、秀场、兴趣技能等多元化内容吸引用户观看，完成用户引入，另一方面也通过多种社群渠道与用户进行跨媒介互动。

行动。行动即驱动用户的行为，按照斯坦福大学福格博士的行为模型，B=MAT，即行动（Behavior）=动机（Motivation）+能力（Ability）+触发器（Trigger）。YY直播作为一个泛娱乐直播平台，其所提供的娱乐化、实时性的海量真人直播内容满足了用户追求快乐、认同、窥私、猎奇等方面的需求。能力指用户完成期望行动的能力。产品的使用难度越低，用户行动的能力也就越强。YY直播语音聊天、主播开启直播、用户观看直播等功能设置简单易上手，且网络技术成熟，界面稳定流畅，用户体验较好，这些都增强了用户行动的能力。

奖励。当行为被触发后，持续刺激以培养用户对产品的使用习惯尤其重要。除了考虑产品体验、响应速度方面的产品易用度外，YY直播还提供多种潜在奖励保持用户的兴趣。YY直播的会员激励制度、引入社交功能设计、直播间打榜排名等都给了用户不同程度的虚拟酬赏，进而提高了平台用户的留存率。互联网平台往往面临"生于拉新，死于留存"的困局，意思就是通过多种营销渠道短期内涌入了大批新用户，但大部分用户体验过几次产品后就再也不继续使用了，而上述"奖励"机制起到了激活

---

① 尼尔·埃亚尔，瑞安·胡佛. 上瘾：让用户养成使用习惯的四大产品逻辑 [M]. 钟莉婷，杨晓红，译. 北京：中信出版社，2017.

用户、提升留存转化的作用。

投入。投入主要体现在用户内容的沉淀和用户关系的沉淀两方面。用户在直播平台留下个人资料、使用数据、社会资本，相当于向平台投入了"时间精力、个人习惯、情感归属"等沉没成本。这些都会增加用户迁移难度，使他们对平台产生依赖性。比如 YY 语音频道里的成员一起开黑打游戏聊天，长期建立的社交关系一旦转移到其他平台就很难维系，因此用户就更愿意留在 YY。

三、YY 直播平台推广

YY 直播平台的推广方法是值得直播业界学习的，大致可以从以下三个方面来解读。

（一）YY 直播营销推广

YY 直播本身是一个具有超强流量变现能力的平台，但同时也需要通过营销推广抢占市场份额，将用户引流到直播平台。YY 直播营销推广大致可以分为三个阶段。

第一阶段：冷启动阶段。

冷启动是指产品在从 0 到 1 的孵化过程中，没有用户、没有内容，从零开始寻找种子用户的过程。前文已经提到，YY 语音最早是被一帮游戏玩家拿来做团队语音沟通工具的。这批玩家就是 YY 直播的种子用户。YY 直播早期聚集流量多靠游戏玩家间的口口相传，实现向 YY 直播平台的导流。

第二阶段：Web 网站推广阶段。

网站优化。网站推广必做的就是 SEM 竞价广告和 SEO 优化。SEM 是一种搜索引擎营销方式，所做的就是以最小的投入在搜索引擎中获取最大的访问量并产生商业价值。SEO 是一种网站优化技术，其目的是提高网站在搜索引擎上的自然排名，使得用户搜索相关关键词时能准确找到目标网址。

网络广告。除了做好网站优化，YY 直播还尝试从传统电视媒介导流。2013 年，YY 直播与湖南卫视综艺选秀节目《快乐男声》合作，开了网络直播先河，YY 直播也借机收获了一大批新用户。

此外，Web 网站推广还多采用交换链接、新型网络横幅广告、软文发布等方式推广网站。

第三阶段：移动终端推广阶段。

随着移动终端设备的大量普及，相当一部分直播用户也从 PC 端转移到了移动端，因此，早在 2016 年 YY 直播就将战略重心调整到了移动端。与所有互联网产品一样，YY 直播移动端也配有安卓、iPhone、iPad 三个版本，构建了 YY 直播移动端的手机界面体系，用户可以通过各大应用商店下载安装 YY 直播 App。常用的推广方法有：在应用商店冲排名，蹭热点事件借势营销，举办各类线上线下活动，社交切入，投放移动端广告，手游流量导入，等等。根据七麦数据，2016 年 8 月上线至今（2021 年 4 月），YY 直播 App 的 iPhone 下载量累计 4 950 多万次，安卓下载量累计约 19.903 2 亿次（图 7-2、图 7-3）。

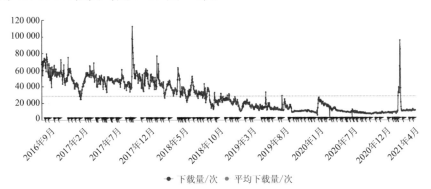

图 7-2　YY 直播 App 下载量估算

图 7-3　YY 直播 App 累计下载渠道分析（安卓）

（二）孵化虎牙直播

YY 游戏直播于 2014 年 11 月 11 日更名为虎牙直播，随后 YY 直播、虎牙直播分开独立运营，长期稳居直播平台榜单前列。2020 年年底，欢聚集团进行战略调整，又将旗下虎牙直播、YY 直播分别出售给腾讯和百度。两个直播平台双双进入新发展期。

YY 直播的 slogan（口号）为"上 YY，陪你一起玩"，定位为全民娱乐的互动直播平台，音乐、颜值类型的娱乐直播为首页主推内容；而虎牙直播的 slogan 为"技术驱动娱乐"，定位为弹幕式互动直播平台，主攻游戏竞技类直播资源。二者分工不同，前者是综合型娱乐直播平台，后者是专业游戏直播平台。YY 直播类型主要有音乐、脱口秀、舞蹈、颜值、游戏、喊麦、户外、美食、体育等；虎牙直播类型分为游戏和泛娱乐两大类，而泛娱乐包括颜值、音乐、虚拟主播、喊麦、脱口秀、美食、旅游、体育、户外等（表 7-2）。

表 7-2　YY 直播与虎牙直播对比

	slogan	产品定位	主要直播类型	受众人群	盈利来源
YY 直播	上 YY，陪你一起玩	全民娱乐的互动直播平台	音乐、脱口秀、舞蹈、颜值、游戏、喊麦、户外、美食、体育等	"80 后""90 后"	经纪公司充值+广告商广告费+观众充值
虎牙直播	技术驱动娱乐	弹幕式互动直播平台，主攻游戏竞技类直播资源，辅以娱乐直播	游戏、星秀、吃喝玩乐、虚拟偶像、二次元、交友等	"90 后""00 后"	直播礼物和会员身份，会员身份可以提供包括守护主播、粉丝徽章、虎牙贵族等多种类型的虚拟荣耀

从盈利逻辑上分析，虎牙直播的收入来源主要是直播礼物和会员身份，两者都以主播超强的变现能力为前提。因此，虎牙直播非常注重腰部主播的培育，希望构建较为坚实的主播生态，避免因头部主播离场造成不

可挽回的流量损失。而虎牙直播承袭了 YY 直播早年强大的公会运营能力，公会在打造优质主播方面优势明显。

同时，虎牙直播还专注于技术对直播的作用。虎牙直播率先提供 HTML5 直播、8M 蓝光高清直播、AR 全景直播等技术，在对自己 App 的介绍上也突出其技术性，把 slogan 从"中国领先的弹幕式互动直播平台"变为"技术驱动娱乐-弹幕式互动直播平台"。

（三）产品矩阵及特色服务

YY 直播平台现包含 YY PC 客户端、YY 直播 App、YY 直播 Web 端、YY 直播助手四个产品形态，而依托其强大的运营团队和流量基础，YY 直播还延伸了业务范围，形成了新的产品矩阵：四个终端+游戏开发平台+流量分发平台+开放平台，重构了 YY 直播生态。

游戏开发平台。YY 游戏开发平台以提供网页游戏运营服务为中心，累计为用户提供超 200 款精品网页游戏，服务超亿人次。产品类型涵盖了战争策略、角色扮演、模拟经营、休闲棋牌、休闲竞技等热门题材，平台向开发者提供新游戏扶持、游戏发行、资本投入等多个层面的合作接入。

流量分发平台。流量分发是 YY 平台新的盈利增长点，公会付费将频道推上榜。YY 频道推广方法只需要四步：（1）激活频道推广钱包后，在"我的推广"首页该频道栏右侧选择"我要推广"，即可进入推广设置页面；（2）选择推广位，推广位包含两个推广页面"热门推荐"和子分类页面；（3）设置推广万人单价，万人单价决定频道的排行位置，最低 1Y 币起，采用竞价形式申请，价高者得推广位；（4）设置推广花费限额，当推广花费达到此限额时，频道就会从推广位下榜。

开放平台。YY 开放平台是基于 YY 频道组织娱乐、群体互动、游戏、交友、竞技、活动的业务平台，给外部合作伙伴提供参与服务 YY 用户的各类原材料，如账号体系、数据通道、数据安全等。通过开放平台，开发者可以制作和发布运营 YY 频道的工具软件、服务内容或基于多人场景的互动游戏，以达到一定的盈利目标。

第二节 斗鱼直播

经历了前几年的"千播大战",游戏直播行业进入了"鱼虎相斗"(斗鱼直播和虎牙直播)的双寡头时代,斗鱼何以能够始终位于在行业领先地位?内容生产和技术创新两板斧构筑了斗鱼在直播行业的"护城河"。

一、斗鱼直播平台介绍

2020年第四季度斗鱼月均MAU(Monthly Active User,月活跃用户)达1.74亿人,同比增长5.2%,其中移动端MAU达5820万人,同比增长6.9%。第四季度斗鱼付费用户规模提升至760万人,同比增长4.6%,数据表现不俗(图7-4)。①

图 7-4 斗鱼 2020 年 Q4 及全年财报

(一)斗鱼基本情况

斗鱼直播前身为 AcFun 旗下的直播网站"生放送",早期用户以爱玩游戏的学生群体为主,有名气的主播则主要集中在游戏直播和秀场直播。其产品定位是以游戏直播为核心,并涵盖多种直播类型的"直播+视频+社区"一体化泛娱乐平台。斗鱼直播内容由游戏、娱乐、正能量、科技教育等多个板块构成,其中游戏(网游+单机+手游+电竞赛事)和娱乐(颜值+陪你看+户外+原创IP)占据主要流量。

回溯斗鱼内容业务发展,大致分为三个阶段:在第一阶段,斗鱼侧重发展电子竞技类网络游戏直播,之后逐渐丰富了游戏板块,加入手游、单

---

① 腾讯网.斗鱼发布2020年第四季度及全年财报 总营收达96亿元[EB/OL].(2021-03-23)[2021-10-10]. https://new.qq.com/rain/a/20210323A0BSBB00.

机游戏；在第二阶段，随着直播业务用户群体的激增，斗鱼又拓展了颜值、科技教育、户外等娱乐直播业务；在第三阶段，斗鱼业务广度进一步拓宽，除了发展直播业务外，新增了直播陪玩系统、手游平台、主播小说平台、鱼吧社区等业务。

（二）斗鱼业务模式

斗鱼直播通过签约头部主播、赞助战队、购买内容版权等方式，为用户输送优质游戏直播内容，实现平台运营、经纪公司、主播及用户的多方联动。

斗鱼平台收入来源以用户打赏为主，以商业推广及其他业务为辅。用户购买虚拟货币（礼物）给主播打赏，平台方与主播按约定比例分成；流量分发广告业务以及游戏联运业务也是平台方的收入来源之一。除此之外，斗鱼平台还要承担带宽费用、技术服务费用、版权费用、主播签约费用等运营成本。

斗鱼经历了多次运营策略调整。斗鱼早期的策略是投入大量资源去培育、挖掘头部主播，同时在资本市场也相当活跃，获得了大量融资，依赖资本"攻城略地"抢占市场。2018年之后，斗鱼的运营重心开始向礼物流水倾斜，营收已经成为考核主播和活动价值的重要指标。2019年，斗鱼启动公会模式，主播运营工作转由公会承担。

斗鱼直播作为一家为用户提供游戏视频直播服务的专业直播平台，居于行业产业链的核心位置，上游对接内容方和技术提供商，下游连接用户和商业合作方。从直播内容的供应和用户需求度的满足两方面发力，将业务重点落在了内容生产和技术投入上，如今的斗鱼已不单单是一个直播工具，形成了包括斗鱼招采平台、斗鱼手机站、DNF手游、斗鱼开放平台、斗鱼效果广告、斗鱼营销平台等多个业务模块系统。

（三）斗鱼社区——鱼吧

鱼吧是斗鱼平台自建的直播垂直在线社区，类似百度贴吧，但话题较为局限，大多围绕热门主播展开。鱼吧由主播和粉丝两种角色组成，二者都可以发帖和跟帖；此外，在鱼吧运营方面，社区由主播、房管统筹

图 7-5　鱼吧功能模块

管理。

鱼吧功能模块（图 7-5）可以分成"我的"模块、"广场"模块和"推荐"模块。"我的"模块除了展示粉丝的基本个人资料外，还设计了动态信息流，可关注到主播的动态帖，便于粉丝掌握主播最新资讯，丰满主播人物形象。"广场"模块分为"实时""热议""视频""图片"四大板块，分别按照不同的算法机制推送热度内容，粉丝可对内容进行收藏、转发、评论、点赞、投票等操作。"推荐"模块可以看到"最新参与用户"和"热门话题"，兼顾了鱼吧社区话题热度和粉丝动态。

图 7-6　某主播的鱼吧主页

值得一提的是，主播的鱼吧主页（图 7-6）内容丰富多样，既提供了主播百科、专栏、置顶帖等多种精华信息，便于粉丝快速了解主播，又设置了签到、用户贡献榜等多种互动机制，将主播与用户之间一对多的单向交流转变为多对多的互动交流。

这里借用"AARRR 模型"拆解鱼吧社群的增长原理。"AARRR 模型"也称为海盗模型，是一种典型的漏斗模型，主要经历用户获取（Acquisition）、激活（Activation）、留存（Retention）、收益（Revenue）、自传播（Referral）五个步骤层层转化，最终实现产品的有效用户增长。

用户获取。鱼吧定位的目标用户是主播和粉丝，先鼓励主播开通自己的鱼吧，发布UGC，再用帖子内容和主播影响力吸引粉丝前来围观，利用小部分主播将整个斗鱼粉丝群体流量引入鱼吧。

激活。鱼吧的产品使用关键路径在于粉丝浏览动态、关注主播、跟帖等用户行为。主播持续更新动态，刺激了粉丝围观和跟帖的欲望，因此鱼吧激活粉丝的手段主要靠内容生产。

留存。搭建用户成长体系、阶段性的活动运营以及站内推送是常用的几种用户留存方法。鱼吧建立了LV1~LV18会员等级体系，增加用户社交货币；当用户关注的主播有新动态时，还通过站内信的方式推送信息给粉丝，聚集主播吧内人气。

收益。鱼吧用勋章、评论带图、GIF图、投票功能、补签卡、申请管理员、昵称变色等多种虚拟特权奖励用户，还推出热度值、贡献榜激励用户积极互动。

自传播。自传播多指用户自发的传播行为，比如主播主动召集自己的粉丝加入鱼吧，粉丝介绍亲友刷鱼吧动态，粉丝主动关注、分享主播动态甚至自己也发布内容。

二、斗鱼直播内容生产

斗鱼slogan从最开始的"超高清游戏直播视频娱乐平台"一直发展到"每个人的直播平台"，有一个明显的从游戏类直播到泛娱乐化直播的转变过程，其背后显现的其实正是内容生产、内容版权、内容管理等多维度的纵深。

（一）内容生产

当互联网人口红利逐渐消退时，取而代之的一定是内容为王。斗鱼也深谙此道，在发展早期就投入大量资源培育挖掘头部主播，激励主播生产优质UGC（图7-7）。

早期的内容生产主要分为UGC生产和PGC（Professionally Generated Content，专业人士生成内容）生产，后来又延伸出PUGC（Professionally User Generated Content，专业用户生成内容）生产，而

斗鱼平台主打的是游戏 PGC（赛事资源）生产+签约 UGC（主播）生产混合模式。

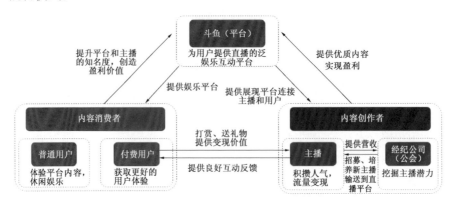

图 7-7　斗鱼用户角色地图

UGC 生产。拥有大量顶级主播是斗鱼内容生产的一大优势，例如 2014 年斗鱼以千万级别的价格签下前 LOL 职业玩家"若风"及著名 LOL 解说"小智"，为平台引来大量粉丝用户。UGC 生产的主体主要是个人主播和普通用户。UGC 生产流程有公会/MCN（Multi-Channel Network，多频道网络）等协助平台扶持、管理、运营主播的经纪公司与为这些公司提供大数据服务的中台公司参与，这些公司主要通过解决主播运营问题与平台管理问题在产业中站稳脚跟，保证了内容提供的稳定性与高质量。少部分 UGC 也在公会/MCN 的指导生产下转变为 PUGC（内容提供方主要有职业选手、公会主播、个人主播三类人群），从而使平台能够更加稳定高效地提供高质量内容，并进一步挖掘新的商业变现模式。

PGC 生产。游戏直播 PGC 主要指电竞赛事制作和娱乐综艺制作两方面。PGC 生产流程则有提供承包线下赛事场馆、赛事推广服务的赛事承办公司参与。这些公司确保了线下赛事的开展与宣传，完成互联网公司不擅长的线下业务。斗鱼为自己打造了具有口碑性质的内容节目，比如斗鱼的综艺类节目、主播互动节目以及斗鱼嘉年华等各种活动，用于丰富站内内容。

在站内内容宣发方面，除了进入主播直播间观看直播外，斗鱼运营团队还会对直播内容进行分发，在平台首页不同位置宣传展示。一般来讲，对于头部主播内容和一些流量表现较好的优质内容，平台会有更多资源倾斜。

内容再创作。在全媒体传播环境下，网络直播在其运营和发展的过程中充分实现了不同媒介形式间的内容生产、多种媒介平台上的资源共享。内容生产者不仅有自己的直播间，还拥有微博账号、微信公众号、bilibili账号、小红书账号等，且在不同媒介平台之间，其生产的内容又相互交叉使用，进行二次内容加工甚至变现。

（二）内容版权

2015年以来，随着直播行业的爆发式产业增长，直播圈子开始进一步分化转型。与YY直播走大众娱乐方向不同，斗鱼向游戏直播方向发展，拿下众多赛事版权、战队资源（表7-3）。

2020年第四季度，斗鱼的收入分成和内容成本达18.52亿元，同比增长25.6%。这部分增加的成本主要用于斗鱼在电竞转播上及电竞赛事内容上的投入。公开数据显示，目前斗鱼在游戏赛事版权方面拥有大量的赛事版权，签约战队数量已经基本覆盖了行业内绝大多数顶级战队。

目前腾讯拥有几乎全部主流大DAU游戏内容版权，作为持有斗鱼40%股权的大股东，也给斗鱼带来了丰富的版权资源。

表7-3 斗鱼电竞版图（不完全统计）

赛事版权	2020LPL直播权、LDL直播权；DOTA2职业联赛独播权；2020KPL、KPLGT、KGL、世冠赛直播权；PCL、PCS、PGC直播权；2020CPS、CFGI、CFPL直播权；LOT-CF直播权；PEL直播权；FSPL直播权；SWC拳皇世界赛总决赛直播权；CSGO-Blast Pro独播权；2020WCG直播权；QQ飞车手游S联赛直播权
投资战队	王者荣耀DYG战队、LOL eStar Gaming战队
签约选手&战队	Faker、369、Knight、Doinb、Jackeylove、xiye、Zoom等选手DWG、LGD、TES、JDG、T1、Gen. G、PeRo、白鲨、R. LGD、eStarPro、NewHAPPY、Wolves、OMG、首尔王朝、Lstars等56支战队
自有赛事	斗鱼黄金大奖赛、斗鱼王者大师赛、斗鱼英雄联盟全明星赛、斗鱼王者荣耀大师赛、斗鱼王者荣耀三剑客杯、斗鱼杯DNF中韩主播邀请赛、魔兽争霸鱼乐杯明星邀请赛
泛娱乐内容	《开饭了！S10》《真相研究所》《解说新势力》《斗鱼大侦探》等

（资料来源：竞核研究组）

（三）内容管理

成熟期的斗鱼拥有丰富的主播体系以及强大的用户流量，手握海量优质主播和独家赛事版权，内容"护城河"已然成形，但所谓"成也内容，败也内容"，近些年各大平台在合约期内高价互相挖角，"斗鱼签约主播集体出走"，不仅抬高了签约成本，还造成平台大量用户流失。

在内容管理方面，2019 年腾讯联合直播平台发布《腾讯游戏关于直播行为规范化的公告》，申明不遵守契约精神，在合约期内无故单方面解约的行为是腾讯所运营的游戏直播中严禁出现的行为。腾讯手握虎牙和斗鱼这两家游戏直播头部平台的股权，因此，这则管理条例基本能有效管理大部分游戏直播行业的主播行为。

在主播管理层面，斗鱼的主播管理采用三种模式：（1）直接与主播签订独家合同；（2）与公会签订合同，管理主播；（3）自我管理。三种方式互为补充，能够有效扩充平台的潜力主播，加强平台对主播的掌控。

三、斗鱼直播技术应用

据公开数据显示，2020 年斗鱼全年累计发明授权量为 458 件，位居互联网企业第七名，游戏直播行业第一名，从中可以洞悉斗鱼创新技术应用的行动力。

随着大数据、云计算、人工智能、5G 等新一代信息技术不断成熟，直播传播技术及相应终端都发生了显著变化，直播迎来新一轮的爆发式增长，虎牙直播、斗鱼直播、bilibili 直播、抖音直播等平台都使用了 AI 智能视频剪辑技术和超清分辨率技术。AI 智能视频剪辑技术提升主播生产内容效率，极大方便内容的二次加工；而超清分辨率技术让图像更加锐化和清晰，更好地还原图像细节，极大提升用户观看体验。

"4K+60 帧 +20M 超分超高清直播"成为直播头部平台的标准"三件套"。这项技术可支持"4K+60 帧"超分超高清的电竞赛事直播，平台通过全球化分发网络将 20M 的超高码率码流传输给用户，完成从 1 080P 到 4K 分辨率、60 帧、20M 实时视频转码直播，极大地提升了用户观赛的体验。

2020年斗鱼与腾讯达成合作，引入 RTMP over SRT 技术，对容易产生网络抖动的无线网络环境场景进行了优化。该技术可以缓解链路丢包造成的推流丢帧问题，即使在 40%丢包率的网络环境下，直播仍然能流畅进行，大大拓展了可直播的场景。

斗鱼是最早引入电子签名 SaaS 技术的平台之一。2016 年开始，平台签约的头部主播数量倍增，线下签约的成本也激增，而电子签名的引入，帮助斗鱼在线与主播完成合同签署，节约了人力物力成本，既提高签约效率，又便于科学管理。

斗鱼还上线账号数据互通系统，覆盖了《英雄联盟》《王者荣耀》《和平精英》《穿越火线》《地下城与勇士》等腾讯旗下多款热门游戏，这对斗鱼的用户增长无疑起到了明显促进作用。同时基于这套系统，斗鱼推出例如"五五开黑节""赛事观看礼包"等更具多样性的互动玩法，进一步增强了玩家的黏性。

第三节 淘宝电商直播

网络支付技术、网上店铺一键开店（无须开发，零成本）等技术及相应终端逐渐成熟，极大地增强了线上零售能力，在这一背景下，电商直播风潮迅速席卷互联网。由于淘宝很长时间内是我国网民网购的重要平台，已经积聚了相当的人气，这使得它开展电商直播具有得天独厚的优势，从而成为电商的领跑者。

一、电商直播营销新商机

2020 年 3 月，淘宝直播入口从手机淘宝 App 的第四屏移到了第一屏，当年拉动了 1 000 亿 GMV（Gross Merchandise Volume，网站成交金额）。同时，品牌商也嗅到了直播工具的便捷。小米最先尝试视频直播营销。在一次发布会上，有 6 位记者利用 App 对现场进行直播，引来过万群众围观，收获超过 10 万点赞，同时也把小米的理念和产品更好地传达给了受众，塑造了良好的品牌形象。2020年，罗永浩抖音首开直播，第一次直播累计观看人数超过4 800万人，在线峰值达290万人，总销售件数逾91万件，支付交易总额突破1.1亿元。2021年4月1日，罗永浩直播带货一周年专场成交金额更是突破2.3亿元。① 淘宝等电商开启了电商直播营销新商机，对推动网络经济发展功莫大焉。

中国互联网络信息中心（CNNIC）发布的第46次《中国互联网络发展状况统计报告》显示，截至2020年6月，电商直播用户规模为3.09亿人，较2020年3月增长4 430万人（图7-8）。

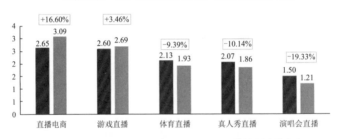

图7-8 不同网络直播类型用户规模对比
（资料来源：中国互联网络信息中心）

网络直播具有天然的"真实感"，可以消除用户对网络购物的不信任感，加之直播没有什么技术壁垒，更多属于一个变现工具，互联网公司基本都有开发上线直播功能的能力，所以拥有海量活跃粉丝的KOL（Key Opinion Leader，关键意见领袖，一般指拥有更多、更准确的产品信息，且为相关群体所接受或信任，并对该群体的购买行为有较大影响力的人）和电商平台都纷纷发力直播，给直播生态带来了新的变化。

网上流传这样的段子："微博上明星制造话题，引爆；抖音上红人发视频，造势；小红书上做好笔记，仓库里备好物料，工厂蓄势待发，淘

---

① 腾讯网. 罗永浩一周年直播带货破2.3亿 抖音助力主播成长显成效［EB/OL］.（2021-04-07）［2021-10-10］. https://new.qq.com/omn/20210407/20210407A08XTV00.

宝、京东、拼多多上图片要漂亮，再开直通车，刷好评团最后一棒，把好评刷上去。"这虽有夸张戏谑之嫌，但仍可见传统网络营销发酵时间长、用户决策链条长、转化效果不稳定等特性，而直播营销正解决了这种弊端。

网络直播营销是指在现场随着事件的发生、发展进程同时制作和播出节目的营销方式。该营销活动以直播平台为载体，以企业获得品牌的提升或是销量的增长为目的。网络直播营销可简单分为带货直播营销和非带货直播营销。非带货直播营销模式大致可用公式表示为"宣传+推广+代言行为=商业广告宣传"，而带货直播营销模式可用公式表示为"宣传+推广+推销+收款+结款+发货=经营代理行为（商事行为+广告宣传行为）"。直播营销收入由广告客户、直播平台、主播、内容制作方、第三方支持平台按约定比例分成（图7-9）。

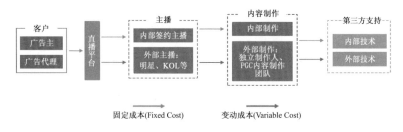

图7-9 直播营销收入分成环节图
（资料来源：艾瑞咨询研究院）

直播营销以企业获得品牌的提升或是销量的增长为目的，而当与直播带货做概念上的区别时，则直播营销是以企业获得品牌的提升为目的，直播带货营销以销售的增长为目的。

直播营销与销售同时进行，不以销售额为核心KPI（Key Performance Indicator，关键绩效指标），同时兼顾品牌形象宣传工作。网络直播还能将营销和销售进行捆绑，给企业、商品带来直接变现的渠道。直播最大的优势就是可以快速地"聚粉"、沉淀和互动，然后进行二次营销。

直播带货是指直播娱乐行业在直播的同时进行商品售卖，售卖形式灵活多样，以销售业绩为核心考核指标。与传统网络销售不同，一对多的直播场景使得话语空间嬗变,用户在购物的同时不仅可以看到视频实物展示效果,还可与主播互动。

二、淘宝直播带货模式

传统电商真实性存疑、互动性差,不利于用户形成购买决策,而直播电商弥补了传统电商的缺陷。当用户产生购买动机时,可随时进入直播间观看视频讲解,还可以与导购互动,要求导购在直播间试穿试用,眼见为"实",加之直播间营造的团购氛围,有助于促成购买转化。电子商务在完整经历了文字阶段、图文阶段、短视频阶段之后,最终慢慢地进入了直播阶段。伴随 4G 的普及和 5G 的应用,直播电商也迎来了它的爆发期。

淘宝直播带货模式主要是商家自播、明星直播、达人直播三种兼具,带货商品基本涵盖淘宝体系内全品类,用户流量主要来源于淘宝平台上的公域流量,头部主播直播间的私域流量也十分可观。

从平台运营角度分析,淘宝直播带货的特点主要体现为两点:(1)直播表现形式灵活,实时性强,双方的黏合度高;(2)依托强大的供应链,品类全库存足,用户下单体验好。

从主播运营角度分析,大量的 MCN 机构与"网红"绑定,每一个超级"网红"背后基本都有 MCN 机构运营。比如"带货一哥"李佳琦,背靠 MCN 机构美 ONE 旗下。

从用户属性角度分析,不同于游戏秀场等 PC 端、移动端兼顾的终端布局,电商直播的流量聚焦在移动端,电商直播用户对应的基本都是移动端用户,且以女性用户居多。

直播带货引领了"商家边播边卖,网友边看边买"的新消费方式。但直播带货的弊端也逐渐显现,最突出的问题有两点:(1)直播视频流量复用性差,大多数用户在直播间停留时间短,不再二次观看直播视频;(2)直播带货模式精细化运营能力弱,直播间内单个粉丝很难被照顾到,精细化的客户及口碑运营的策略设计目前还比较薄弱。

直播的核心价值在于传播效率的提升,在传播中受众与传者基于"买卖货"需求紧密关联,视频化传播产生的营销价值不容忽视。2020 年,电商平台、短视频平台、社交平台全方位入局直播带货，集合社交属性、休闲体验属性、消费属性、文化参与属性为一体的直播带货"新生态"正在形成，直播带货已成为人们同时获得娱乐体验和生活必需品的最好的方式之一。

直播带货也在一定程度上也激活了下沉市场服务业模式的创新，带动了产业上下游的数字化转型。比如小镇青年通过电商直播售卖当地特色产品，改变原有的零售方式和渠道。

但新兴市场在快速发展过程中，往往伴随着有碍健康发展的灰色地带。2021年3月15日，国家市场监督管理总局又制定出台《网络交易监督管理办法》，规定了直播服务提供者对网络交易活动的直播视频保存时间自直播结束之日起不少于三年。一个月后，2021年4月23日，国家互联网信息办公室、公安部、商务部、文化和旅游部、国家税务总局、国家市场监督管理总局、国家广播电视总局等七部门联合发布《网络直播营销管理办法（试行）》，对网络直播营销乱象做了进一步市场规范。上有政策约束，下有市场淘洗，电商直播将迎来新一轮的"良币驱逐劣币"浪潮。

三、案例："谢谢你为湖北拼单"

2020年4月6日晚，央视新闻"谢谢你为湖北拼单"公益行动首场带货直播在央视新闻客户端、淘宝、微博等平台开播。这场直播由央视新闻主播朱广权和淘宝主播李佳琦搭档（"小朱配琦"组合），向网友推荐湖北待销农副产品，两小时销售额达4 000多万元，网络直播带货行业因此获得了前所未有的超高关注度（图7-10）。4月12日晚8点，央视新闻"谢谢你为湖北拼单"公益行动第二场带货直播开

图7-10 "谢谢你为湖北拼单"公益直播首场直播销售额超4 000万元

播。央视主播欧阳夏丹和王祖蓝、蔡明、辛选主播蛋蛋等在央视新闻客户端、微博、快手等平台同步直播,为湖北多种特产直播带货,三小时成交额更是达到 6 000 多万元的天文数字,让人叹服。

"谢谢你为湖北拼单"之所以获得巨大成功,大致可以有以下几个方面的原因。

其一,利用大众情绪充分造势。2020 年年初,突如其来的新冠肺炎疫情打乱了人们正常的生活节奏,为了控制疫情,更好地保护大众健康,武汉以壮士断腕的气度按下了"暂停键",进行了封城。在封城的几个月里,武汉乃至湖北人民做出了巨大牺牲,赢得了全国人民的尊重,武汉也因此被冠以"英雄之城"的称号。2020 年 4 月 8 日凌晨,武汉按下"重启键",各项秩序逐步得到有序恢复。几个平台选择在武汉即将重启的 4 月 6 日进行直播带货,理所当然能够极大地调动大众情绪。网友积极参与直播并纷纷表态"愿为湖北胖三斤"。同时,在网络直播之前,策划方通过传统大众媒体和网络媒体进行宣传造势,让大众早已经注意到这场直播的价值、内容和时间,从而为积聚人气做好了充分准备。

其二,私域流量与公域流量合流。淘宝电商带货直播频频出圈,实际上是私域流量与公域流量合流的结果。在直播电商领域,除了 KOL 以外,KOC(Key Opinion Consumer,关键意见消费者)正在崛起,李佳琦这样的电商超级"网红"正是超级 KOC,其一人之言可以撬动几千万的消费。但是,KOC 的号召力也需要在私域流量与公域流量合流的情况下才能更好地得到发挥。直播的强实时性、强在场感、强互动性等优势,让直播带货销售的短时爆发力远远高于传统销售渠道,但私域流量的兴盛仍需要公域流量的加持。一方面,一个直播间就相当于一个单独的私域流量池,不同的直播间之间很难形成天然的互动,只能靠连麦之类的工具形成导流;另一方面,直播带货的传播性弱,私域与公域界限分明,两个传播场差异性大且完全割裂。淘宝长期运营获得众多的网民支持,有着极高的公域流量,而网红主播有着极高的私域流量,一旦入驻淘宝这样的著名电商品牌,形成合流,其巨大的传播效应自然显现。

其三,网络媒体和传统媒体合流。"谢谢你为湖北拼单"这场盛大的网络直播带货活动,是由央视新闻客户端联合淘宝、微博等平台进行的。淘宝作为著名的电商品牌,在多年的运营中已经积攒了巨大的人流量,而央视长期以来以理性、客观赢得了强大的公信力,两者在这场直播中进行合作,自然是强强联手,形成"1+1>2"的效果。同时,央视不仅仅只是作为一个平台出现在这场直播中,更是派出实力很强的主持人、超级"段子手"朱广权和网络人气主播李佳琦进行联合主持。可以说,这种网络媒体和传统媒体合流的方式,将传统的电视受众和网络直播用户都充分调动了起来,从而为直播效果的显现打下了坚实基础。在两位主播各有风格个性却同具煽情性的"买它买它就买它"的"吆喝声"中,想不人气爆棚都很难。

第四节 映客直播

在众多的网络直播平台中,映客直播虽然上线并不早,但是由于自身明确的定位和运营方式,大有后来居上之势。2018年7月12日,映客正式在港交所挂牌交易,成为港股的娱乐直播第一股,体现出强大的发展后劲。

一、映客直播平台介绍

映客直播上线于2015年5月,产品定位为直播聚合和观看平台,旨在聚焦"90后""95后"高颜值群体,主打实时互动的生活直播。在2016年的"千播大战"中,相当一部分直播平台是秀场类直播平台,同为秀场直播平台的映客在竞争中异军突起。当时,映客的运营策略为在营销推广和应用市场排名优化上投入大量资源,快速抢占市场,也因此在短时间内做到了下载量超1亿次,日活超过1 000万人,从而打造了直播平台的新高地。

映客不同于其他类型的直播平台,平台没有与主播签约,也没有任何经纪公司孵化和管理主播,仅通过社区规则来管理约束主播行为。盈利来源主要靠粉丝打赏主播，所得赏金由平台与主播按比例分成。

在多年的运营中，映客直播逐步形成自身的特色定位。

其一为产品社交化。通常在一场秀场直播中，主播可以使用镜头美颜、与用户连麦、分享丰富的内容等方式和用户视频/语音互动；用户可以通过关注主播、给主播送礼物、互加好友等方式与主播进一步交流。映客直播在这些常见内容场景的基础上，还开发了"附近"和"动态"功能，突出社交属性，以主播为连接点构建社交关系链，大力提高了主播和用户黏性。"附近"功能，基于LBS（Location Based Services，基于位置的服务）定位系统，可查看附近的人的直播和动态消息，这一功能服务将主播与观众的关系链转移为基于地理位置的陌生人社交；"动态"功能，基于已关注的人发的直播和动态消息，构建熟人社交信息流。

其二为主播IP化、平台产业化。映客自制节目《樱花女生》《映客先生》《先声夺人》形成直播综艺IP矩阵，围绕主播搭建综艺IP，不仅打破了主播的职业天花板，也让映客本身从单纯的渠道转化为内容输出平台，形成"直播综艺+泛娱乐"的产业链条。

如果我们用"使用与满足"理论来解读映客直播，可以发现其明确的受众定位。使用与满足理论，是把受众看作有着特定"需求"的个人，把他们的媒介接触活动看作基于特定的需求动机来"使用"媒介，从而使需求得到"满足"。直播平台就是为受众提供优质内容，满足用户需求。映客直播在受众需求方面主要做了两方面的工作。

其一，满足社交需求。根据映客在手机App应用商店中对产品特色的描述以及平台直播界面的功能设计可知，映客主播主要以自身颜值、连麦聊天、才艺展示等方式输出主播价值。拆解其满足的用户需求，大致可以归纳为：交友，视频/语音聊天；窥私、猎奇与排解无聊；分享生活以及秀出自己。

其二，建构虚拟谈话场。直播突破时间空间限制的特点，让人产生与对方面对面交谈的"真实感"。但其实在直播中，观众的在场是一种图像符号的在场，而非真实的存在。观众都能看到主播，但主播那一端只能看到在线人数、被折叠起来的评论。这种符号可视化使缺场转变为"在场"，让观众和主播产生在场感，无形中构建起了谈话场。真实的在场感，刺激用户与主播沟通互动的欲望，此时的用户由传统的填鸭式信息接收者转变成了参与者、分享者，传者与受众的关系随之发生了变化。在直播情境下，用户既是内容的消费者又是内容的生产者。用户通过观看、点赞、送礼物、评论、转发、连麦等消费行为参与了内容生产过程，而消费行为在一定程度上也是生产行为，因此用户也是内容的生产者。映客直播能够较为准确地把握受众需求，自然可以在网络江湖中"跑马圈地"。

二、映客秀场直播模式

在几年的发展中，秀场直播走过了自身的1.0时代和2.0时代。

在1.0时代，秀场直播的业务逻辑是主播生产内容，观看者付费犒赏主播，酬金由平台和主播按比例分成。

秀场直播业务逻辑的核心是直播间场景（图7-11）。主播在直播间持续地输出内容，观众则依个人喜好充值购买虚拟礼物并向主播打赏。观众打赏的动机可分为两种：(1)认同并赞赏主播的内容；(2)实现得到主播和其他用户关注的自我满足。通过主播输出优质内容（高颜值或有趣）、运营高付费用户（给予各种特权和礼遇），秀场直播成了互联网最赚钱的商业模式，一个头部主播一晚上就能有数百万元的收入。

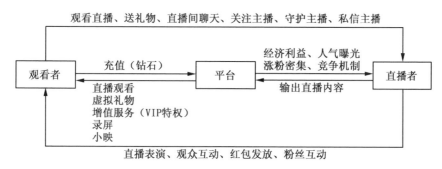

图7-11　映客秀场直播模式

随着市场被短视频等社交媒体挤占，用户流量大幅缩水，秀场直播模式的问题逐渐显现。在优化组合之后，秀场直播进入2.0时代，即强化其社交属性。传统的秀场直播业态单一，互动场景有限，内容质量不高。为了探寻新的发展机会，秀场直播平台也在积极向泛社交方向进军。映客直播在 2019 年以 8 500 万美元买下陌生人社交平台积目，自己内部又孵化了主打语音社交的音泡、二次元社交产品 StarStar、地图交友产品 22 等社交类产品，试图用社交属性留住用户。

映客在 2016 年之后营收水平连续四年下降，2019 年盈利更是同比下降 88%，2019 年的全年净利润 7 146 万元，尚不及 2018 年 5.96 亿元的零头。资本市场大多看衰映客，管理层多次回购股票也无法遏制股价下跌的势头，2019 财报发布日映客股价跌到 0.96 港币，情况可谓惨烈。1.0 模式切换到 2.0 模式，为何仍步履艰难？那是因为内容生产和内容消费两端都出现了问题。这也是后期发展需要特别注意的。

在内容生产方面，秀场直播无法形成内容壁垒和社区氛围，对用户的吸引力持续降低，加之其他短视频平台给了用户更多优质内容选择，进一步冲散了用户注意力。因此，映客这样的直播平台，靠主播颜值作为卖点无法形成独特优势，加上平台方与主播是一种松散的无组织关系，仅依赖主播自驱力产出作品，这就更加难以保证优质内容的持续生产。

在内容消费方面，新客进场动力不足，散客逐渐离场，头部高付费用户也不如以往狂热。新增用户留存做得不尽如人意，用户进入直播间的成本相较观看短视频要高，且直播内容本身水准不一，整体拉低了平台吸引力。外部环境更是雪上加霜。短视频兴起后，用户观看直播视频的可替代性产品增多，秀场直播内容消费动力不足。

网络直播是去中心化的内容生产和传播模式，相较传播直播其内容生产的想象空间更大。从秀场直播的发展困境中，我们可以看出，唯有深耕内容生产创作，坚持内容为王，才有可能实现可持续发展。另外，直播形式对内容生产的创新潜力巨大，秀场直播未来会以什么样的新内容生产模式再次突围尚不可知。

三、映客直播特色产品

（一）直播 PK 功能

直播 PK 功能是直播平台主播之间的互动玩法。在直播过程中，发起

PK的主播可以在一定的时间内和其他正在直播的主播进行同框PK直播。在规定时间内，平台会对双方主播获取的用户打赏价值进行计分，PK结束后累计分数较高的主播赢得本场胜利。胜利方主播可以按照PK的规则惩罚失败方主播。

对于用户来说，引入奖励惩罚机制让直播内容有了更多的趣味性和观赏性，也调动了主播的参与积极性。一方面，用户观看直播时会不自觉地产生对未知结果的预判和持续跟踪心理；另一方面，PK获胜可以给主播增加直播收益，还能让主播获得成就感。而对于失败方主播，惩罚力度一般不大，却能勾起观众的窥探欲，提高PK双方主播的亲密度，往往直播收视数据也较好。

（二）粉丝团功能

直播粉丝团功能指的是一系列粉丝权益的集合。用户通过付费加入主播的粉丝团，可以成为主播粉丝团的成员，并在直播间享受到粉丝的权益，还可以通过粉丝团任务提升自己和主播之间的亲密度。用户加入主播粉丝团的核心诉求是让主播更多地关注自己，增进与主播的相互了解。

我们可以从三个方面理解用户加入主播粉丝团的心理需求：其一，强化在直播间的存在感，让主播和其他用户关注到自己，获得一种虚拟的被"看到"、被"重视"的感觉；其二，提升与主播的亲密度，更高的曝光和展示，可以让主播更容易发现自己，进而与主播建立更多联系；其三，与主播和其他成员成为一个社群，形成彼此间的身份认同。

（三）小映功能

小映是映客平台上的虚拟货币。小映的使用以10个为单位，观众可用来给主播打赏，主播积攒到一定数量后可兑换成现金。小映的获得方式多样，比如浏览直播视频达到规定的时长就可以抽取小映。

虚拟礼物是在直播平台上给主播打赏必不可少的工具，其背后的消费动机包括情感型消费、自我满足型消费以及共鸣型消费，用户自发自愿地为主播的直播内容付费。而小映的功能设计逻辑考虑到了"非人民币玩家"。用户使用免费获得的小映打赏其实是一种无成本的消费行为，却达到了至少两点效果：第一，让用户免费体验到了打赏主播的快感；第二，这是一种用户留存手段，用虚拟货币给用户适当奖励，以小奖励给平台带来源源不断的用户。

结 语
网络直播的未来前景

网络直播从 2016 年的"千播大战""野蛮成长",到如今经过几轮洗牌之后聚焦于几十家重要平台,见证了"城头变幻大王旗",也见证了"各领风骚三五月"。大众对网络直播的感情也比较复杂。是的,我们曾经为它而热烈欢呼,但也曾为它给我们带来的诸多烦恼而困惑;我们曾经为它一路高歌猛进攻城略地而热烈鼓掌,却也因为它屡屡踩踏政策和法律红线遭遇大众媒体对其"轮番围剿"而摇头长叹……但是,爱也好,恨也罢,网络直播却实实在在牵动着大众的神经,因为它对我们的工作和生活有着实实在在的影响,在拉动经济增长方面更是功不可没。它未来将如何呢?

　　网络直播是技术和理念双重推动的产物。从技术上讲,4G 技术的使用、移动设备的更新换代为网络直播的生存与发展提供了强大的动力。当前,5G 技术正得到全面推广,这将为网络直播的发展注入新的动力。从理念上讲,大众对音频、视频世界的认可,使得网络直播具有强大的发展空间。即时性、现场感、场景化对人们的吸引力丝毫不减。同时,目前我国网民人数为 10 亿人左右,还有较大的增长空间,这也使得网络直播在未来还有新增用户的可能性。从这些角度来看,网络直播在未来还将得到快速发展。

　　未来的网络直播必然和当前的网络直播有较大的区别。这主要体现在以下几个方面:其一,品牌性特征更加明显。在过去的几年里,网络直播经过几轮洗牌,使得不少层次较低、实力较弱的直播平台被挤出市场,目前做得风生水起的只有几十家了。在未来,网络直播平台对风险投资的吸引力越来越弱,投资者将越来越理性。因此,网络直播将更聚焦于一些品牌企业,中小平台则面临更大的生存压力。其二,从量走向质的提升。网络直播运营者越来越意识到"内容为王"的重要性,这意味着网络直播平台将会严把质量关,以质量求生存,平台以及相关职能部门的监管力度将进一步加大,直播乱象将得到治理。其三,"直播+"将继续推动社会的跨界发展。随着互联网经济的发展以及网络技术的推进,人们越来越认识到直播的力量,"直播+"将被广泛地运用到各个领域,实现跨级发展,尤其是"直播+营销"更将成为品牌和个人新的营销手段。

总体而言，网络直播将围绕理性、质量、品牌、跨界几个关键词深层次发展，迎来光明的未来。我们从艺术的角度来审视网络直播这一新现象，也是着眼于它未来的发展。网络直播是技术，更是艺术！

参考文献

1. 丹尼尔·戴扬, 伊莱休·卡茨. 媒介事件 [M]. 麻争旗, 译. 北京: 北京广播学院出版社, 2000.
2. 罗伯特·斯考伯, 谢尔·伊斯雷尔. 即将到来的场景时代 [M]. 赵乾坤, 周宝曜, 译. 北京: 北京联合出版公司, 2014.
3. 尼尔·埃亚尔, 瑞安·胡佛. 上瘾: 让用户养成使用习惯的四大产品逻辑 [M]. 钟莉婷, 杨晓红, 译. 北京: 中信出版社, 2017.
4. 詹姆斯·凯瑞. 作为文化的传播: "媒介与社会"论文集 [M]. 丁未, 译. 北京: 中国人民大学出版社, 2019.
5. 丹尼斯·麦奎尔, 斯文·温德尔. 大众传播模式论 [M]. 祝建华, 武伟, 译. 上海: 上海译文出版社, 1987.
6. 陈晶. 自媒体2.0: 网络直播"星"力量 [M]. 北京: 清华大学出版社, 2018.
7. 陈龙. 大众传播学 [M]. 上海: 上海交通大学出版社, 2016.
8. 李梅. 人人都能做主播 [M]. 北京: 清华大学出版社, 2020.
9. 李小勇, 张玉兵. 网络直播营销 [M]. 郑州: 黄河水利出版社, 2020.
10. 李泽清. 网络直播: 从零开始学直播平台运营 [M]. 北京: 电子工业出版社, 2018.
11. 梁宸瑜, 曹云露, 马英. 直播带货: 让你的流量持续低成本变现 [M]. 北京: 人民邮电出版社, 2020.
12. 孙爱凤. 直播技巧: 实力圈粉就这么简单 [M]. 北京: 机械工业出版社, 2019.

13. 魏艳. 零基础学短视频直播营销与运营：实战案例版［M］. 北京：化学工业出版社，2019.

14. 曾庆江. 媒体平衡论［M］. 武汉：武汉大学出版社，2014.

15. 中国社会科学院社会学研究所. 网络直播：参与式文化与体验经济的媒介新景观［M］. 北京：电子工业出版社，2019.

附录

《互联网信息服务管理办法》

为了规范互联网信息服务活动,促进互联网信息服务健康有序发展,国务院于2000年9月20日通过《互联网信息服务管理办法》,并于当年9月25日颁布施行。2021年1月8日,国家互联网信息办公室就《互联网信息服务管理办法(修订草案征求意见稿)》公开征求意见。

互联网信息服务管理办法
(修订草案征求意见稿)

第一章 总 则

第一条 为了促进互联网信息服务健康有序发展,保护公民、法人和其他组织的合法权益,维护国家安全和公共利益,制定本办法。

第二条 在中华人民共和国境内从事互联网信息服务,以及对互联网信息服务的监督管理,适用本办法。

中华人民共和国境内的任何组织和个人利用境内外网络资源向境内用户提供互联网信息服务,应当遵守本办法规定。

第三条 国家采取措施,监测、防范、处置利用中华人民共和国境内外的互联网信息服务实施的危害国家网络空间安全和秩序,侵害中国公民合法权益的违法犯罪活动。

第四条 国家倡导诚实守信、健康文明的网络行为,推动传播社会主义核心价值观、社会主义先进文化、中华优秀传统文化，促进形成积极健康、向上向善的网络文化，营造清朗网络空间。

第五条 国家网信部门负责统筹协调全国网络安全工作和相关监督管理工作，对全国互联网信息内容实施监督管理执法。

国务院电信主管部门依照职责负责全国互联网行业管理，负责对互联网信息服务的市场准入、市场秩序、网络资源、网络信息安全等实施监督管理。

国务院公安部门依照职责负责全国互联网安全监督管理，维护互联网公共秩序和公共安全，防范和惩治网络违法犯罪活动。国家安全机关依照职责负责依法打击利用互联网从事危害国家安全的违法犯罪活动。

国务院其他有关部门在各自职责范围内对互联网信息服务实施监督管理。

地方互联网信息服务监督管理职责依照国家有关规定确定。

第六条 国家保护公民、法人和其他组织依法使用互联网信息服务的权利，促进网络应用普及，提升互联网信息服务水平。

国家鼓励互联网信息服务提供者开展行业自律，依法提供服务，提高网络安全意识，促进行业健康发展，鼓励社会公众监督互联网信息服务。

第二章 设 立

第七条 从事互联网信息服务，属于经营电信业务的，应当取得电信主管部门电信业务经营许可；不属于经营电信业务的，应当在电信主管部门备案。

未取得电信业务经营许可或者未履行备案手续的，不得从事互联网信息服务。

第八条 申请从事互联网信息服务备案的，应当通过互联网网络接入服务提供者向电信主管部门提交以下材料：

（一）主办者真实身份证明和地址、联系方式等基本情况；

（二）拟开展的互联网信息服务类型、名称，拟使用的域名、IP 地址、服务器等互联网网络资源，互联网网络接入服务提供者等有关情况；

（三）拟提供的服务项目，需要取得相关主管部门许可的，还应当提供相应的许可文件；

（四）公安机关出具的安全检查意见；

（五）需要提供的其他材料。

第九条 电信主管部门对第八条规定的材料核实后，应当予以备案并编号。

第十条 从事互联网信息服务，应当使用符合电信主管部门要求的网络资源，具备符合国家规定的网络安全与信息安全管理制度和技术保障措施。

第十一条 从事互联网信息服务，属于经营电信业务的，应当向电信主管部门提出申请。电信主管部门应当在有关电信管理的法律、行政法规规定的期限内审查完毕，作出批准或者不予批准的决定。

互联网信息服务提供者不再从事互联网信息服务的，应主动注销相关许可和备案。

第十二条 从事互联网新闻信息服务，应当向网信部门提出申请，网信部门应当依据《中华人民共和国行政许可法》的规定作出批准或者不予批准的决定。互联网新闻信息服务相关从业人员应当依法取得相应资质，接受相应的培训、考核。

从事文化、出版、视听节目的互联网信息服务，应当取得有关部门的许可。

从事教育、医疗保健、药品和医疗器械等互联网信息服务，依照法律、行政法规以及国务院有关决定须经有关部门许可的，应当取得有关部门的许可。

有关部门应当将许可结果报国家网信部门备案。

第三章　运　行

第十三条 互联网网络接入服务提供者为互联网信息服务提供者提供接入服务，应当要求互联网信息服务提供者提供相应许可证件或者备案编号；互联网网络接入服务提供者应当查验，不得为未取得合法许可证件或者备案编号的互联网信息服务提供者提供服务。

用户利用互联网从事的服务依照法律、行政法规以及国家有关规定需要取得相应资质的，应当向互联网信息服务提供者提供其具有合法资质的证明文件。互联网信息服务提供者应当查验用户的证明文件，不得为未取得合法资质的用户提供服务。

互联网信息服务提供者已备案的互联网域名如需转让，应提前在电信主管部门变更相关备案信息。域名注册管理机构、域名注册服务机构不得帮助域名持有者对已备案域名实施转让。

第十四条　互联网信息服务提供者在提供服务时应当明示许可证编号或者备案编号。

互联网信息服务提供者的许可或者备案事项发生变更的，应当向原许可或者备案机关办理变更手续。

第十五条　任何组织和个人不得设立用于实施违法犯罪的网站、通信群组、网络账号、移动智能终端应用，不得开办用于实施违法犯罪的互联网服务。

任何组织和个人不得明知他人利用互联网信息服务实施违法犯罪而为其提供技术支持、广告推广、支付结算、代办网络服务等帮助。

任何组织和个人不得倒卖移动电话卡、上网卡、物联网卡。用户将已依法办理真实身份信息登记的移动电话卡、上网卡、物联网卡转让给他人使用的，应当依法办理过户手续。

第十六条　互联网信息服务提供者应当建立信息发布审核制度。

互联网信息服务提供者应当配备符合网信部门、电信主管部门、公安机关要求的网络与信息安全管理人员。

互联网信息服务提供者、互联网网络接入服务提供者应当建立网络安全与信息安全管理制度、用户信息保护制度，采取安全防范措施，加强公共信息巡查。

第十七条　互联网信息服务提供者应当按照网信部门、电信主管部门、公安机关要求，建立互联网新业务安全评估制度，对其通过互联网新开展并取得经营许可的互联网信息服务业务进行安全评估，并将有关评估结果向网信部门、电信主管部门、公安机关报告。

第十八条 互联网网络接入、互联网信息服务、域名注册和解析等互联网服务提供者，在与用户签订协议或者确认提供服务时，应当确保服务对象与身份证件信息或者组织机构代码证书信息等必要的真实身份信息一致，并记录相关信息。查验的真实身份信息应当在提供服务期间同步保存，并在停止服务后保存至少两年以上。

第十九条 任何组织和个人办理、使用互联网网络接入、互联网信息服务、域名注册和解析等互联网服务，应当提供真实身份信息，不得违反本办法规定的真实身份查验要求，实施下列行为：

（一）使用虚假身份信息、冒用他人身份信息，办理互联网服务；

（二）未提供真实身份信息，获取、使用他人注册的互联网账号、资源；

（三）为他人规避实施真实身份查验的要求提供技术支持或者帮助。

第二十条 互联网信息服务提供者应当记录其发布的信息和用户发布的信息，并保存不少于6个月。

互联网信息服务提供者、互联网网络接入服务提供者应当记录并留存网络日志信息，并保存不少于6个月。网络日志信息的具体要求，由网信部门、电信主管部门、公安机关依据各自职责另行制定。

通过网络代理、网络地址转换等方式，与他人共享互联网网络接入服务资源，还应记录并留存地址转换记录等可确认用户身份的日志信息。

第二十一条 互联网网络接入、互联网信息服务、域名注册和解析等互联网服务提供者，应当采取技术措施和其他必要措施，防范、发现、制止所提供的服务被用于实施违法犯罪。互联网网络接入、互联网信息服务、域名注册和解析等互联网服务提供者发现网络违法犯罪行为，应当保存有关记录，并向网信部门、电信主管部门、公安机关报告。

网信部门、电信主管部门、公安机关等有关主管部门发现互联网信息服务提供者存在违反真实身份查验要求的行为或者其他网络违法犯罪行为，应当要求互联网信息服务提供者采取消除、制止等处置措施，停止相关服务，保存有关记录，并向网信部门、电信主管部门、公安机关报告。

第二十二条 互联网网络接入、互联网信息服务、域名注册和解析等互联网服务提供者，应当为公安机关、国家安全机关依法维护国家安全和侦查犯罪的活动，提供技术支持和协助。技术支持和协助的具体要求，由公安机关、国家安全机关会同电信主管部门等有关部门另行制定。

互联网网络接入、互联网信息服务、域名注册和解析等互联网服务提供者，应当为网信部门、电信主管部门依法履行互联网信息服务监督管理职责，提供必要的数据支持和相关配合。

第二十三条 互联网信息服务提供者、互联网网络接入服务提供者及其工作人员对所收集、使用的身份信息、日志信息应当采取技术措施和其他必要措施，确保其收集的个人信息安全，防止所收集、使用的身份信息、日志信息泄漏、毁损、丢失。在发生或者可能发生信息泄露、毁损、丢失的情况时，应当立即采取补救措施，并按照规定及时告知用户并向有关主管部门报告。

互联网信息服务提供者、互联网网络接入服务提供者应当建立网络信息安全投诉、举报制度，公布投诉、举报方式等信息，及时受理并处理有关网络信息安全的投诉和举报。

第二十四条 有关部门应当采取技术措施和其他必要措施，防范、制止和查处窃取或者以其他非法方式获取、出售或者非法向他人提供互联网信息服务提供者、互联网网络接入服务提供者所收集、记录的身份信息、日志信息的违法犯罪行为。

有关部门及其工作人员在履行互联网信息监督管理过程中获取的信息，应当予以保密，只能用于相关监督管理和执法工作的需要，不得泄露、篡改、非法毁损，不得出售或者非法向他人提供。

第二十五条 任何组织和个人不得以营利为目的或为获取其他非法利益，实施下列行为，扰乱网络秩序：

（一）明知是虚假信息而发布或者有偿提供信息发布服务的；

（二）为他人有偿提供删除、屏蔽、替换、下沉信息服务的；

（三）大量倒卖、注册并提供互联网信息服务账号，被用于违法犯罪的；

(四)从事虚假点击、投票、评价、交易等活动,破坏互联网诚信体系的。

第二十六条 任何组织和个人从事互联网信息服务应当遵守宪法法律,遵守公共秩序,尊重社会公德,不得制作、复制、发布、传播含有下列内容的信息,或者故意为制作、复制、发布、传播含有下列内容的信息提供技术、设备支持或者其他帮助:

(一)反对宪法所确定的基本原则,危害国家安全、荣誉和利益,泄露国家秘密,煽动颠覆国家政权,推翻社会主义制度,煽动分裂国家,破坏国家统一;

(二)宣扬恐怖主义、极端主义,宣扬民族仇恨、民族歧视,破坏民族团结,破坏国家宗教政策,宣扬邪教和封建迷信;

(三)编造、传播扰乱金融市场秩序的信息,以及其他扰乱市场秩序、经济秩序的虚假信息;

(四)编造、传播险情、疫情、警情、自然灾害、生产安全、食品药品等产品安全以及其他方面扰乱社会秩序的虚假信息;

(五)仿冒、假借国家机构、社会团体及其工作人员或者其他法人名义散布的信息,或者为实施违法犯罪而冒用他人名义散布的信息;

(六)散布煽动非法集会、结社、游行、示威或者其他扰乱社会管理秩序、破坏社会稳定的信息;

(七)传播淫秽色情、暴力、赌博、凶杀、恐怖的信息,以及教唆犯罪、传授犯罪手段、方法,制造或者交易违禁物品、管制物品,实施诈骗以及其他违法犯罪活动的信息;

(八)侮辱或者诽谤他人,侵害他人名誉、隐私、知识产权或者其他合法权益,以及危害未成年人身心健康,不利于未成年人健康成长的信息;

(九)法律、行政法规禁止的其他信息。

第二十七条 互联网信息服务提供者、互联网网络接入服务提供者发现发布、传输的信息属于本办法第二十六条所列内容的,应当立即停止传输,采取消除等处置措施,防止信息扩散,保存有关记录,并向网信部门、电信主管部门、公安机关报告。

网信部门、电信主管部门、公安机关等有关部门发现发布、传输的信息属于本办法第二十六条所列内容的，应当依职责要求互联网信息服务提供者、互联网网络接入服务提供者停止传输，采取消除、制止等处置措施，阻断违法信息传播，保存相关记录；对来源于中华人民共和国境外的上述信息，由国家网信部门和有关部门通知有关机构采取技术措施和其他必要措施阻断传播。

国家有关机构依法采取技术措施和其他必要措施，阻断来自于中华人民共和国境外的法律、行政法规禁止发布或者传输的信息。

任何组织和个人不得违反国家规定，为他人获取、传播前款被依法阻断的信息而提供技术支持或者其他帮助。

第二十八条 从事互联网信息服务应当符合国家标准的强制性要求。

第二十九条 互联网信息服务提供者、互联网网络接入服务提供者应当建立应急机制，并在必要时及时采取应急处置措施。

第四章 监督检查

第三十条 网信部门、电信主管部门和其他有关部门应当向社会公开对互联网信息服务的许可、备案情况。

第三十一条 网信部门、电信主管部门、公安机关和其他有关部门应当依据各自职责，对互联网信息服务进行监督检查，及时查处违反本办法规定的行为。

网信部门、电信主管部门、公安机关和其他有关部门依法履行监督检查等执法职责，应当由两名以上执法人员实施。执法人员应当具有执法资格，执法时应当主动出示执法证件，并记录监督检查等执法情况。

第三十二条 网信部门、电信主管部门、公安机关和其他有关部门依法履行监督检查等执法职责时，互联网信息服务提供者、互联网网络接入服务提供者应当予以配合，不得拒绝、阻挠。

第三十三条 网信部门、电信主管部门、公安机关和其他有关部门应当建立监督管理信息共享和信息通报制度，加强沟通和协作配合。

公安机关在依法开展互联网安全监督管理中,发现互联网信息服务提供者、互联网网络接入服务提供者违反本办法规定,并依法予以行政处罚的,应当通报网信部门、电信主管部门和其他有关部门,并可建议原许可或者备案机关取消相关许可或者备案。

第三十四条　任何组织和个人发现互联网信息服务提供者、互联网网络接入服务提供者有违反本办法行为的,应向有关部门举报、控告。

网信部门、电信主管部门、公安机关和其他有关部门收到举报的应当及时依法做出处理,不属于本部门职责的,应当及时移送有关部门处理。有关部门应当对举报人的相关信息予以保密,保护举报人的合法权益。

第三十五条　网信部门、电信主管部门、公安机关和其他有关部门在行政违法案件受案后,依照《中华人民共和国行政强制法》的规定和程序要求,可以对与涉嫌违法行为有关的电子设备、存储介质、物品、设施、场所采取查封、扣押强制措施,可以查询与涉嫌违法行为有关的银行账户。

第五章　法律责任

第三十六条　网信部门、电信主管部门、公安机关和其他有关部门及其工作人员违反本办法第二十四条规定,将在履行互联网信息内容监督管理中获取的信息用于其他用途的,对直接负责的主管人员和其他直接责任人员依法给予处分。

网信部门、电信主管部门、公安机关和其他有关部门的工作人员玩忽职守、滥用职权、徇私舞弊或者利用职务上的便利索取、收受他人财物,尚不构成犯罪的,依法给予处分。

第三十七条　违反本办法第七条、第十条规定的,由电信主管部门责令互联网网络接入服务提供者停止为其提供接入服务,没收违法所得,可以并处50万元以下罚款。

违反本办法第十三条第一款、第三款规定的,由电信主管部门处10万元以上100万元以下罚款,并可以责令暂停相关业务、停业整顿、吊销其电信业务经营许可证件或者取消备案编号,对直接负责的主管人员和其他直接责任人员，处1万元以上10万元以下罚款。

互联网信息服务提供者违反本办法第十二条规定，擅自从事相关互联网信息服务的，由网信部门或者其他有关部门依据各自职责责令停止相关互联网信息服务，没收违法所得，违法所得1万元以上的，并处违法所得5倍以上10倍以下罚款；违法所得不足1万元或者没有违法所得的，可以并处10万元以下罚款；情节严重的，由电信主管部门吊销其电信业务经营许可证件或者取消备案编号。

第三十八条 互联网信息服务提供者违反本办法第二章规定，以欺骗或者贿赂等不正当手段取得许可证件或者备案编号的，由原许可、备案机关撤销其相应许可或者取消备案编号，没收违法所得，可以并处100万元以下罚款。

第三十九条 互联网信息服务提供者违反本办法第十三条第二款、第十四条、第十六条、第十七条、第二十三条、第三十二条规定的，由网信部门、电信主管部门、公安机关或者其他有关部门依据各自职责给予警告，责令限期改正，没收违法所得；拒不改正或者情节严重的，处10万元以上50万元以下罚款，并可以责令暂停相关业务，停业整顿、关闭网站、由原许可机关吊销相关业务许可证或者吊销营业执照，对直接负责的主管人员和其他直接责任人员，处1万元以上10万元以下罚款。

第四十条 互联网网络接入服务提供者违反本办法第十六条第三款、第二十三条、第三十二条规定的，由网信部门、电信主管部门、公安机关依据各自职责给予警告，责令限期改正，没收违法所得；拒不改正或者情节严重的，处10万元以上50万元以下罚款，并可以责令暂停相关业务、停业整顿、由原发证机关吊销相关业务许可证或者吊销营业执照，对直接负责的主管人员和其他直接责任人员，处1万元以上10万元以下罚款。

第四十一条 违反本办法第十五条、第二十七条第四款规定尚不构成犯罪的，由公安机关没收违法所得，处5日以下拘留，可以并处5万元以上50万元以下罚款；情节较重的，处5日以上15日以下拘留，可以并处10万元以上100万元以下罚款。

单位违反本办法第十五条、第二十七条第四款规定的，由公安机关没收违法所得，处10万元以上100万元以下罚款，并对直接负责的主管人员和其他直接责任人员依照前款规定处罚。

第四十二条 互联网网络接入、互联网信息服务、域名注册和解析等互联网服务提供者，违反本办法第十八条、第十九条、第二十条、第二十一条规定的，由网信部门、电信主管部门、公安机关依据各自职责给予警告，责令限期改正，没收违法所得；拒不改正或者情节严重的，处10万元以上50万元以下罚款，并可以责令暂停相关业务、停业整顿、由原发证机关吊销相关业务许可证或者吊销营业执照，对直接负责的主管人员和其他直接责任人员，处1万元以上10万元以下罚款。

第四十三条 互联网网络接入、互联网信息服务、域名注册和解析等互联网服务提供者，违反本办法第二十二条第一款规定的，由公安机关、国家安全机关依据职责给予警告，责令限期改正；拒不改正或者情节严重的，处10万元以上50万元以下罚款，并可以责令暂停相关业务，停业整顿。

互联网网络接入、互联网信息服务、域名注册和解析等互联网服务提供者，违反本办法第二十二条第二款规定的，由网信部门、电信主管部门依据各自职责给予警告，责令限期改正；拒不改正或者情节严重的，处10万元以上50万元以下罚款，并可以责令暂停相关业务，停业整顿。

第四十四条 违反本办法第二十五条规定的，由网信部门、电信主管部门、公安机关依据各自职责给予警告，责令限期改正，没收违法所得；拒不改正或者情节严重的，处10万元以上100万元以下罚款，并可以责令暂停相关业务、停业整顿、关闭网站、由原发证机关吊销相关业务许可证或者吊销营业执照，对直接负责的主管人员和其他直接责任人员，处1万元以上10万元以下罚款。

第四十五条 互联网信息服务提供者、互联网网络接入服务提供者违反本办法第二十六条规定的，由网信部门、电信主管部门、公安机关依据各自职责责令改正，给予警告，没收违法所得；拒不改正或者情节严重的，处10万元以上100万元以下罚款，并可以责令暂停相关业务、停业整顿、关闭网站、由原发证机关吊销相关业务许可证或者吊销营业执照，对直接负责的主管人员和其他直接责任人员，处 1 万元以上 10 万元以下罚款。

互联网网络接入服务提供者、互联网信息服务提供者以外的其他单位或者个人违反本办法第二十六条规定的，由网信部门、电信主管部门、公安机关依据各自职责给予警告，责令限期改正，没收违法所得，对个人并处 1 万元以上 50 万元以下罚款，对单位并处 10 万元以上 100 万元以下罚款。

第四十六条 互联网信息服务提供者、互联网网络接入服务提供者违反本办法第二十七条第一款规定，对法律、法规禁止发布或者传输的信息未停止传输、采取消除等处置措施、保存有关记录的，由网信部门、电信主管部门、公安机关依据各自职责责令改正，给予警告，没收违法所得；拒不改正或者情节严重的，处 10 万元以上 50 万元以下罚款，并可以责令暂停相关业务、停业整顿、关闭网站、由原发证机关吊销相关业务许可证或者吊销营业执照，对直接负责的主管人员和其他直接责任人员，处 1 万元以上 10 万元以下罚款。

第四十七条 违反本办法规定，被电信主管部门吊销电信业务经营许可证件、撤销电信业务经营许可或者取消备案编号的，由电信主管部门通知相关互联网网络接入服务提供者和域名解析服务提供者停止为其提供服务，通知相关部门取消相关互联网信息服务许可。

第四十八条 网信部门、电信主管部门、公安机关和其他有关部门对违反本办法行为依法给予的行政处罚，应当记入信用档案并予以公布。

第四十九条 国家设立互联网信息服务黑名单制度，被主管部门吊销许可或取消备案的组织和个人，三年内不得重新申请相关许可或备案；被主管部门责令注销账号、关停网站的组织和个人，相关互联网服务提供者三年内不得为其重新提供同类服务。

第五十条 违反本办法规定，对他人造成损害的，依法承担民事责任；构成违反治安管理行为的，依法给予治安管理处罚；构成犯罪的，依法追究刑事责任。

第五十一条 互联网信息服务提供者、互联网网络接入服务提供者、用户以及其他单位和个人,对有关部门依据本办法作出的行政行为不服的,可以依法申请行政复议或者提起行政诉讼。

第六章 附 则

第五十二条 本办法下列用语的含义:

(一) 互联网信息服务,是指为用户提供互联网信息发布和应用平台,包括但不限于互联网新闻信息服务、搜索引擎、即时通讯、交互式信息服务、网络直播、网络支付、广告推广、网络存储、网络购物、网络预约、应用软件下载等互联网服务。

(二) 互联网网络接入服务,是指为互联网信息服务提供者提供网络接入的服务,包括互联网数据中心业务、内容分发网络业务、互联网接入业务等,具体业务形态包括但不限于网络代理、主机托管、空间租用等。

第五十三条 利用互联网专门向电视机终端提供信息服务的,按照国家有关广播电视管理的法律、法规、规章进行管理。

第五十四条 本办法自 年 月 日起施行。

《互联网直播服务管理规定》

2016年11月4日，国家互联网信息办公室发布《互联网直播服务管理规定》，并于2016年12月1日起施行。

互联网直播服务管理规定

第一条 为加强对互联网直播服务的管理，保护公民、法人和其他组织的合法权益，维护国家安全和公共利益，根据《全国人民代表大会常务委员会关于加强网络信息保护的决定》《国务院关于授权国家互联网信息办公室负责互联网信息内容管理工作的通知》《互联网信息服务管理办法》和《互联网新闻信息服务管理规定》，制定本规定。

第二条 在中华人民共和国境内提供、使用互联网直播服务，应当遵守本规定。

本规定所称互联网直播，是指基于互联网，以视频、音频、图文等形式向公众持续发布实时信息的活动；本规定所称互联网直播服务提供者，是指提供互联网直播平台服务的主体；本规定所称互联网直播服务使用者，包括互联网直播发布者和用户。

第三条 提供互联网直播服务，应当遵守法律法规，坚持正确导向，大力弘扬社会主义核心价值观，培育积极健康、向上向善的网络文化，维护良好网络生态，维护国家利益和公共利益，为广大网民特别是青少年成长营造风清气正的网络空间。

第四条 国家互联网信息办公室负责全国互联网直播服务信息内容的监督管理执法工作。地方互联网信息办公室依据职责负责本行政区域内的互联网直播服务信息内容的监督管理执法工作。国务院相关管理部门依据职责对互联网直播服务实施相应监督管理。

各级互联网信息办公室应当建立日常监督检查和定期检查相结合的监督管理制度，指导督促互联网直播服务提供者依据法律法规和服务协议规范互联网直播服务行为。

第五条 互联网直播服务提供者提供互联网新闻信息服务的，应当依法取得互联网新闻信息服务资质，并在许可范围内开展互联网新闻信息服务。

开展互联网新闻信息服务的互联网直播发布者，应当依法取得互联网新闻信息服务资质并在许可范围内提供服务。

第六条 通过网络表演、网络视听节目等提供互联网直播服务的，还应当依法取得法律法规规定的相关资质。

第七条 互联网直播服务提供者应当落实主体责任，配备与服务规模相适应的专业人员，健全信息审核、信息安全管理、值班巡查、应急处置、技术保障等制度。提供互联网新闻信息直播服务的，应当设立总编辑。

互联网直播服务提供者应当建立直播内容审核平台，根据互联网直播的内容类别、用户规模等实施分级分类管理，对图文、视频、音频等直播内容加注或播报平台标识信息，对互联网新闻信息直播及其互动内容实施先审后发管理。

第八条 互联网直播服务提供者应当具备与其服务相适应的技术条件，应当具备即时阻断互联网直播的技术能力，技术方案应符合国家相关标准。

第九条 互联网直播服务提供者以及互联网直播服务使用者不得利用互联网直播服务从事危害国家安全、破坏社会稳定、扰乱社会秩序、侵犯他人合法权益、传播淫秽色情等法律法规禁止的活动，不得利用互联网直播服务制作、复制、发布、传播法律法规禁止的信息内容。

第十条 互联网直播发布者发布新闻信息，应当真实准确、客观公正。转载新闻信息应当完整准确，不得歪曲新闻信息内容，并在显著位置注明来源，保证新闻信息来源可追溯。

第十一条 互联网直播服务提供者应当加强对评论、弹幕等直播互动环节的实时管理，配备相应管理人员。

互联网直播发布者在进行直播时，应当提供符合法律法规要求的直播内容，自觉维护直播活动秩序。

用户在参与直播互动时，应当遵守法律法规，文明互动，理性表达。

第十二条　互联网直播服务提供者应当按照"后台实名、前台自愿"的原则，对互联网直播用户进行基于移动电话号码等方式的真实身份信息认证，对互联网直播发布者进行基于身份证件、营业执照、组织机构代码证等的认证登记。互联网直播服务提供者应当对互联网直播发布者的真实身份信息进行审核，向所在地省、自治区、直辖市互联网信息办公室分类备案，并在相关执法部门依法查询时予以提供。

互联网直播服务提供者应当保护互联网直播服务使用者身份信息和隐私，不得泄露、篡改、毁损，不得出售或者非法向他人提供。

第十三条　互联网直播服务提供者应当与互联网直播服务使用者签订服务协议，明确双方权利义务，要求其承诺遵守法律法规和平台公约。

互联网直播服务协议和平台公约的必备条款由互联网直播服务提供者所在地省、自治区、直辖市互联网信息办公室指导制定。

第十四条　互联网直播服务提供者应当对违反法律法规和服务协议的互联网直播服务使用者，视情采取警示、暂停发布、关闭账号等处置措施，及时消除违法违规直播信息内容，保存记录并向有关主管部门报告。

第十五条　互联网直播服务提供者应当建立互联网直播发布者信用等级管理体系，提供与信用等级挂钩的管理和服务。

互联网直播服务提供者应当建立黑名单管理制度，对纳入黑名单的互联网直播服务使用者禁止重新注册账号，并及时向所在地省、自治区、直辖市互联网信息办公室报告。

省、自治区、直辖市互联网信息办公室应当建立黑名单通报制度，并向国家互联网信息办公室报告。

第十六条　互联网直播服务提供者应当记录互联网直播服务使用者发布内容和日志信息，保存六十日。

互联网直播服务提供者应当配合有关部门依法进行的监督检查，并提供必要的文件、资料和数据。

第十七条　互联网直播服务提供者和互联网直播发布者未经许可或者超出许可范围提供互联网新闻信息服务的，由国家和省、自治区、直辖市互联网信息办公室依据《互联网新闻信息服务管理规定》予以处罚。

对于违反本规定的其他违法行为，由国家和地方互联网信息办公室依据职责，依法予以处罚；构成犯罪的，依法追究刑事责任。通过网络表演、网络视听节目等提供网络直播服务，违反有关法律法规的，由相关部门依法予以处罚。

第十八条 鼓励支持相关行业组织制定行业公约，加强行业自律，建立健全行业信用评价体系和服务评议制度，促进行业规范发展。

第十九条 互联网直播服务提供者应当自觉接受社会监督，健全社会投诉举报渠道，设置便捷的投诉举报入口，及时处理公众投诉举报。

第二十条 本规定自2016年12月1日起施行。

《关于加强网络直播规范管理工作的指导意见》

2021年2月9日,国家互联网信息办公室、全国"扫黄打非"工作小组办公室、工业和信息化部、公安部、文化和旅游部、国家市场监督管理总局、国家广播电视总局等七个部门联合下发了《关于加强网络直播规范管理工作的指导意见》。全文如下。

关于加强网络直播规范管理工作的指导意见

近年来,网络直播以其内容和形式的直观性、即时性和互动性,在促进经济社会发展、丰富人民群众精神文化生活等方面发挥了重要作用。随着移动互联网新技术新应用的迭代升级,网络直播行业进入了快速发展期,其媒体属性、社交属性、商业属性、娱乐属性日益凸显,深刻影响网络生态。与此同时,网络直播行业存在的主体责任缺失、内容生态不良、主播良莠不齐、充值打赏失范、商业营销混乱、青少年权益遭受侵害等问题,严重制约网络直播行业健康发展,给意识形态安全、社会公共利益和公民合法权益带来挑战,必须高度重视、认真解决。为切实加强网络直播行业正面引导和规范管理,保护广大网民合法权益,倡导行业加强网络文明建设,培育向上向善的网络文化,践行社会主义核心价值观,促进网络直播行业健康有序发展,经中央领导同志同意,现提出如下指导意见。

一、明确总体要求

全面贯彻党的十九大和十九届二中、三中、四中、五中全会精神,以习近平新时代中国特色社会主义思想为指导,坚持正确政治方向、舆论导向、价值取向,坚持依法办网、依法治网,准确把握网络直播行业特点规律和发展趋势,有效解决突出问题、难点问题、痛点问题,科学规范行业运行规则,构建良好产业生态,为广大网民特别是青少年营造积极健康、内容丰富、正能量充沛的网络直播空间。

二、督促落实主体责任

1. 压实平台主体责任。网络直播平台提供互联网直播信息服务，应当严格遵守法律法规和国家有关规定；严格履行网络直播平台法定职责义务，落实网络直播平台主体责任清单，对照网络直播行业主要问题清单建立健全和严格落实总编辑负责、内容审核、用户注册、跟帖评论、应急响应、技术安全、主播管理、培训考核、举报受理等内部管理制度。

2. 明确主播法律责任。自然人和组织机构利用网络直播平台开展直播活动，应当严格按照《互联网用户账号名称管理规定》等有关要求，落实网络实名制注册账号并规范使用账号名称。网络主播依法依规开展网络直播活动，不得从事危害国家安全、破坏社会稳定、扰乱社会秩序、侵犯他人合法权益、传播淫秽色情信息等法律法规禁止的活动；不得超许可范围发布互联网新闻信息；不得接受未经其监护人同意的未成年人充值打赏；不得从事平台内或跨平台违法违规交易；不得组织、煽动用户实施网络暴力；不得组织赌博或变相赌博等线上线下违法活动。

3. 强化用户行为规范。网络直播用户参与直播互动时，应当严格遵守法律法规，文明互动、理性表达、合理消费；不得在直播间发布、传播违法违规信息；不得组织、煽动对网络主播或用户的攻击和谩骂；不得利用机器软件或组织"水军"发表负面评论和恶意"灌水"；不得营造斗富炫富、博取眼球等不良互动氛围。

三、确保导向正确和内容安全

4. 提升主流价值引领。网络直播平台应当坚持把社会效益放在首位、社会效益和经济效益相统一，强化导向意识，大力弘扬社会主义核心价值观，大力扶持优质主播，扩大优质内容生产供给；培养网络主播正确的世界观、价值观、人生观，有效提升直播平台"以文化人"的精神气质和文化力量。

5. 切实维护网民权益。网络直播平台应当严格遵守个人信息保护相关规定，规范收集和合法使用用户身份、地理位置、联系方式等个人信息行为；充分保障用户知情权、选择权和隐私权等合法权益；依法依规引导和规范用户合理消费、理性打赏；依法依规留存直播图像、互动留言、充值打赏等记录；加大对各类侵害网民权益行为的打击力度，切实维护网络直播行业秩序。

6. 加强未成年人保护。网络直播平台应当严禁为未满 16 周岁的未成年人提供网络主播账号注册服务，为已满 16 周岁未满 18 周岁未成年人提供网络主播账号注册服务应当征得监护人同意；应当向未成年人用户提供"青少年模式"，防范未成年人沉迷网络直播，屏蔽不利于未成年人健康成长的网络直播内容，不得向未成年人提供充值打赏服务；建立未成年人专属客服团队，优先受理、及时处置涉未成年人的相关投诉和纠纷，对未成年人冒用成年人账号打赏的，核查属实后须按规定办理退款。

7. 筑牢信息安全屏障。网络直播平台应当建立健全信息安全管理制度，严格落实信息内容安全管理责任制，具备与创新发展相适应的安全可控的技术保障和防范措施；对新技术新应用新功能上线具有舆论属性或社会动员能力的直播信息服务，应严格进行安全评估；利用基于深度学习、虚拟现实等技术制作、发布的非真实直播信息内容，应当以显著方式予以标识。

8. 严惩违法违规行为。坚决打击利用网络直播颠覆国家政权、散播历史虚无主义、煽动宗教极端主义、宣扬民族分裂思想、教唆暴力恐怖等违法犯罪活动；严厉查处淫秽色情、造谣诽谤、赌博诈骗、侵权盗版、侵犯公民个人信息等违法犯罪行为；全面清理低俗庸俗、封建迷信、打"擦边球"等违法和不良信息。

四、建立健全制度规范

9. 强化准入备案管理。开展经营性网络表演活动的直播平台须持有《网络文化经营许可证》并进行 ICP 备案；开展网络视听节目服务的直播平台须持有《信息网络传播视听节目许可证》（或在全国网络视听平台信息登记管理系统中完成登记）并进行 ICP 备案；开展互联网新闻信息服务的直播平台须持有《互联网新闻信息服务许可证》。网络直播平台应当及时向属地网信等主管部门履行企业备案手续，停止提供直播服务的平台应当及时注销备案。

　　10. 构建行业制度体系。网络直播平台应当建立健全和严格落实相关管理制度。建立直播账号分类分级规范管理制度，对主播账号实行基于主体属性、运营内容、粉丝数量、直播热度等因素的分类分级管理；针对不同类别级别的网络主播账号应当在单场受赏总额、直播热度、直播时长和单日直播场次、场次时间间隔等方面合理设限，对违法违规主播实施必要的警示措施。建立直播打赏服务管理规则，明确平台向用户提供的打赏服务为信息和娱乐的消费服务，应当对单个虚拟消费品、单次打赏额度合理设置上限，对单日打赏额度累计触发相应阈值的用户进行消费提醒，必要时设置打赏冷静期和延时到账期。建立直播带货管理制度，依据主播账号分级规范设定具有营销资格的账号级别，依法依规确定推广商品和服务类别。

五、增强综合治理能力

　　11. 建立完善工作机制。各部门应当切实履行职能职责，依法依规加强对网络直播行业相关业务的监督管理。网信部门要进一步强化网络直播行业管理的统筹协调和日常监管，建立健全部门协调联动长效机制，制定出台支持和促进网络直播行业健康发展、生态治理和规范管理的政策措施；"扫黄打非"部门要履行网上"扫黄打非"联席会议牵头单位职责，会同有关部门挂牌督办重特大案件；工业和信息化部门要严格落实网络接入实名制管理要求，强化 ICP 备案管理；公安部门要全面提升对网络直播犯罪行为实施全方位遏制打击力度；文化和旅游部门要加强网络表演行业管理和执法工作，指导相关行业组织加强网络表演行业自律；市场监管部门要加强网络直播营销领域的监督管理；广电部门要研究制定网络视听节目等管理规范及准入标准。

　　12. 积极倡导社会监督。鼓励社会各界广泛参与网络直播行业治理，切实加强网络直播平台和政府、媒体、公众间的信息交流和有效沟通，构建网络直播规范管理的良好舆论环境。网络直播平台应当自觉接受社会监督，有效拓宽举报渠道，简化举报环节，及时受理、处置并反馈公众投诉举报。

13. 发挥行业组织作用。网络社会组织要积极发挥桥梁纽带作用，大力倡导行业自律，积极开展公益活动，参与净化网络直播环境、维护良好网络生态。建立健全网络主播信用评价体系，为网络直播行业健康有序发展营造良好氛围。

《网络直播营销管理办法（试行）》

2021年4月23日，国家互联网信息办公室、公安部、商务部、文化和旅游部、国家税务总局、国家市场监督管理总局、国家广播电视总局等七部门联合发布《网络直播营销管理办法（试行）》，自2021年5月25日起施行。这是一个专门针对网络直播营销的法规，对直播行业产生了重要影响。

网络直播营销管理办法（试行）

第一章 总 则

第一条 为加强网络直播营销管理，维护国家安全和公共利益，保护公民、法人和其他组织的合法权益，促进网络直播营销健康有序发展，根据《中华人民共和国网络安全法》《中华人民共和国电子商务法》《中华人民共和国广告法》《中华人民共和国反不正当竞争法》《网络信息内容生态治理规定》等法律、行政法规和国家有关规定，制定本办法。

第二条 在中华人民共和国境内，通过互联网站、应用程序、小程序等，以视频直播、音频直播、图文直播或多种直播相结合等形式开展营销的商业活动，适用本办法。

本办法所称直播营销平台，是指在网络直播营销中提供直播服务的各类平台，包括互联网直播服务平台、互联网音视频服务平台、电子商务平台等。

本办法所称直播间运营者，是指在直播营销平台上注册账号或者通过自建网站等其他网络服务，开设直播间从事网络直播营销活动的个人、法人和其他组织。

本办法所称直播营销人员，是指在网络直播营销中直接向社会公众开展营销的个人。

本办法所称直播营销人员服务机构，是指为直播营销人员从事网络直播营销活动提供策划、运营、经纪、培训等的专门机构。

从事网络直播营销活动，属于《中华人民共和国电子商务法》规定的"电子商务平台经营者"或"平台内经营者"定义的市场主体，应当依法履行相应的责任和义务。

第三条 从事网络直播营销活动，应当遵守法律法规，遵循公序良俗，遵守商业道德，坚持正确导向，弘扬社会主义核心价值观，营造良好网络生态。

第四条 国家网信部门和国务院公安、商务、文化和旅游、税务、市场监督管理、广播电视等有关主管部门建立健全线索移交、信息共享、会商研判、教育培训等工作机制，依据各自职责做好网络直播营销相关监督管理工作。

县级以上地方人民政府有关主管部门依据各自职责做好本行政区域内网络直播营销相关监督管理工作。

第二章 直播营销平台

第五条 直播营销平台应当依法依规履行备案手续，并按照有关规定开展安全评估。

从事网络直播营销活动，依法需要取得相关行政许可的，应当依法取得行政许可。

第六条 直播营销平台应当建立健全账号及直播营销功能注册注销、信息安全管理、营销行为规范、未成年人保护、消费者权益保护、个人信息保护、网络和数据安全管理等机制、措施。

直播营销平台应当配备与服务规模相适应的直播内容管理专业人员，具备维护互联网直播内容安全的技术能力，技术方案应符合国家相关标准。

第七条 直播营销平台应当依据相关法律法规和国家有关规定，制定并公开网络直播营销管理规则、平台公约。

直播营销平台应当与直播营销人员服务机构、直播间运营者签订协议，要求其规范直播营销人员招募、培训、管理流程，履行对直播营销内容、商品和服务的真实性、合法性审核义务。

直播营销平台应当制定直播营销商品和服务负面目录，列明法律法规规定的禁止生产销售、禁止网络交易、禁止商业推销宣传以及不适宜以直播形式营销的商品和服务类别。

第八条　直播营销平台应当对直播间运营者、直播营销人员进行基于身份证件信息、统一社会信用代码等真实身份信息认证，并依法依规向税务机关报送身份信息和其他涉税信息。直播营销平台应当采取必要措施保障处理的个人信息安全。

直播营销平台应当建立直播营销人员真实身份动态核验机制，在直播前核验所有直播营销人员身份信息，对与真实身份信息不符或按照国家有关规定不得从事网络直播发布的，不得为其提供直播发布服务。

第九条　直播营销平台应当加强网络直播营销信息内容管理，开展信息发布审核和实时巡查，发现违法和不良信息，应当立即采取处置措施，保存有关记录，并向有关主管部门报告。

直播营销平台应当加强直播间内链接、二维码等跳转服务的信息安全管理，防范信息安全风险。

第十条　直播营销平台应当建立健全风险识别模型，对涉嫌违法违规的高风险营销行为采取弹窗提示、违规警示、限制流量、暂停直播等措施。直播营销平台应当以显著方式警示用户平台外私下交易等行为的风险。

第十一条　直播营销平台提供付费导流等服务，对网络直播营销进行宣传、推广，构成商业广告的，应当履行广告发布者或者广告经营者的责任和义务。

直播营销平台不得为直播间运营者、直播营销人员虚假或者引人误解的商业宣传提供帮助、便利条件。

第十二条　直播营销平台应当建立健全未成年人保护机制，注重保护未成年人身心健康。网络直播营销中包含可能影响未成年人身心健康内容的，直播营销平台应当在信息展示前以显著方式作出提示。

第十三条　直播营销平台应当加强新技术新应用新功能上线和使用管

理，对利用人工智能、数字视觉、虚拟现实、语音合成等技术展示的虚拟形象从事网络直播营销的，应当按照有关规定进行安全评估，并以显著方式予以标识。

第十四条 直播营销平台应当根据直播间运营者账号合规情况、关注和访问量、交易量和金额及其他指标维度，建立分级管理制度，根据级别确定服务范围及功能，对重点直播间运营者采取安排专人实时巡查、延长直播内容保存时间等措施。

直播营销平台应当对违反法律法规和服务协议的直播间运营者账号，视情采取警示提醒、限制功能、暂停发布、注销账号、禁止重新注册等处置措施，保存记录并向有关主管部门报告。

直播营销平台应当建立黑名单制度，将严重违法违规的直播营销人员及因违法失德造成恶劣社会影响的人员列入黑名单，并向有关主管部门报告。

第十五条 直播营销平台应当建立健全投诉、举报机制，明确处理流程和反馈期限，及时处理公众对于违法违规信息内容、营销行为投诉举报。

消费者通过直播间内链接、二维码等方式跳转到其他平台购买商品或者接受服务，发生争议时，相关直播营销平台应当积极协助消费者维护合法权益，提供必要的证据等支持。

第十六条 直播营销平台应当提示直播间运营者依法办理市场主体登记或税务登记，如实申报收入，依法履行纳税义务，并依法享受税收优惠。直播营销平台及直播营销人员服务机构应当依法履行代扣代缴义务。

第三章 直播间运营者和直播营销人员

第十七条 直播营销人员或者直播间运营者为自然人的，应当年满十六周岁；十六周岁以上的未成年人申请成为直播营销人员或者直播间运营者的，应当经监护人同意。

第十八条 直播间运营者、直播营销人员从事网络直播营销活动，应当遵守法律法规和国家有关规定，遵循社会公序良俗，真实、准确、全面地发布商品或服务信息，不得有下列行为：

（一）违反《网络信息内容生态治理规定》第六条、第七条规定的；

（二）发布虚假或者引人误解的信息，欺骗、误导用户；

（三）营销假冒伪劣、侵犯知识产权或不符合保障人身、财产安全要求的商品；

（四）虚构或者篡改交易、关注度、浏览量、点赞量等数据流量造假；

（五）知道或应当知道他人存在违法违规或高风险行为，仍为其推广、引流；

（六）骚扰、诋毁、谩骂及恐吓他人，侵害他人合法权益；

（七）传销、诈骗、赌博、贩卖违禁品及管制物品等；

（八）其他违反国家法律法规和有关规定的行为。

第十九条 直播间运营者、直播营销人员发布的直播内容构成商业广告的，应当履行广告发布者、广告经营者或者广告代言人的责任和义务。

第二十条 直播营销人员不得在涉及国家安全、公共安全、影响他人及社会正常生产生活秩序的场所从事网络直播营销活动。

直播间运营者、直播营销人员应当加强直播间管理，在下列重点环节的设置应当符合法律法规和国家有关规定，不得含有违法和不良信息，不得以暗示等方式误导用户：

（一）直播间运营者账号名称、头像、简介；

（二）直播间标题、封面；

（三）直播间布景、道具、商品展示；

（四）直播营销人员着装、形象；

（五）其他易引起用户关注的重点环节。

第二十一条 直播间运营者、直播营销人员应当依据平台服务协议做好语音和视频连线、评论、弹幕等互动内容的实时管理，不得以删除、屏蔽相关不利评价等方式欺骗、误导用户。

第二十二条 直播间运营者应当对商品和服务供应商的身份、地址、联系方式、行政许可、信用情况等信息进行核验，并留存相关记录备查。

第二十三条 直播间运营者、直播营销人员应当依法依规履行消费者权益保护责任和义务,不得故意拖延或者无正当理由拒绝消费者提出的合法合理要求。

第二十四条 直播间运营者、直播营销人员与直播营销人员服务机构合作开展商业合作的,应当与直播营销人员服务机构签订书面协议,明确信息安全管理、商品质量审核、消费者权益保护等义务并督促履行。

第二十五条 直播间运营者、直播营销人员使用其他人肖像作为虚拟形象从事网络直播营销活动的,应当征得肖像权人同意,不得利用信息技术手段伪造等方式侵害他人的肖像权。对自然人声音的保护,参照适用前述规定。

第四章 监督管理和法律责任

第二十六条 有关部门根据需要对直播营销平台履行主体责任情况开展监督检查,对存在问题的平台开展专项检查。

直播营销平台对有关部门依法实施的监督检查,应当予以配合,不得拒绝、阻挠。直播营销平台应当为有关部门依法调查、侦查活动提供技术支持和协助。

第二十七条 有关部门加强对行业协会商会的指导,鼓励建立完善行业标准,开展法律法规宣传,推动行业自律。

第二十八条 违反本办法,给他人造成损害的,依法承担民事责任;构成犯罪的,依法追究刑事责任;尚不构成犯罪的,由网信等有关主管部门依据各自职责依照有关法律法规予以处理。

第二十九条 有关部门对严重违反法律法规的直播营销市场主体名单实施信息共享,依法开展联合惩戒。

第五章 附 则

第三十条 本办法自 2021 年 5 月 25 日起施行。

《网络直播营销行为规范》

2020年6月26日,中国广告协会发布《网络直播营销行为规范》,这也是网络直播行业的第一份行业自律文件。该文件于2020年7月1日起施行。

网络直播营销行为规范

第一章 总 则

第一条 为营造良好的市场消费环境,引导网络直播营销活动更加规范,促进网络直播营销业态的健康发展,根据《中华人民共和国电子商务法》《中华人民共和国消费者权益保护法》《中华人民共和国广告法》《中华人民共和国产品质量法》《中华人民共和国反不正当竞争法》等法律、法规、规章和有关规定,制定本行为规范。

第二条 本规范适用于商家、主播等参与者在电商平台、内容平台、社交平台等网络平台上以直播形式向用户销售商品或提供服务的网络直播营销活动。

第三条 网络直播营销活动应当认真遵守国家法律、法规,坚持正确导向、诚实信用、信息真实、公平竞争原则,活动内容符合社会主义精神文明建设和弘扬中华民族优秀传统文化的要求。

鼓励网络直播营销平台经营者积极参与行业自律,共同推进网络直播营销活动社会共治。

第四条 网络直播营销活动中所发布的信息不得包含以下内容:

(一)反对宪法所确定的基本原则及违反国家法律、法规禁止性规定的;

(二)损害国家主权、统一和领土完整的;

(三)危害国家安全、泄露国家秘密以及损害国家荣誉和利益的;

(四)含有民族、种族、宗教、性别歧视的;

（五）散布谣言等扰乱社会秩序，破坏社会稳定的；

（六）淫秽、色情、赌博、迷信、恐怖、暴力或者教唆犯罪的；

（七）侮辱、诽谤、恐吓、涉及他人隐私等侵害他人合法权益的；

（八）危害未成年人身心健康的；

（九）其他危害社会公德或者民族优秀文化传统的。

第五条 网络直播营销活动应当全面、真实、准确地披露商品或者服务信息，依法保障消费者的知情权和选择权；严格履行产品责任，严把直播产品和服务质量关；依法依约积极兑现售后承诺，建立健全消费者保护机制，保护消费者的合法权益。

第六条 网络直播营销主体不得利用刷单、炒信等流量造假方式虚构或篡改交易数据和用户评价；不得进行虚假或者引人误解的商业宣传，欺骗、误导消费者。

在网络直播营销中发布商业广告的，应当严格遵守《中华人民共和国广告法》的各项规定。

第七条 网络直播营销主体应当依法履行网络安全与个人信息保护等方面的义务，收集、使用用户个人信息时应当遵守法律、行政法规等相关规定。

第八条 网络直播营销主体应当遵守法律和商业道德，公平参与市场竞争。不得违反法律规定，从事扰乱市场竞争秩序，损害其他经营者或者消费者合法权益的行为。

第九条 网络直播营销主体应当建立健全知识产权保护机制，尊重和保护他人知识产权或涉及第三方的商业秘密及其他专有权利。

第十条 网络直播营销主体之间应当依法或按照平台规则订立合同，明确各自的权利义务。

第十一条 网络直播营销主体应当完善对未成年人的保护机制，注重对未成年人身心健康的保护。

第二章 商　家

第十二条 商家是在网络直播营销中销售商品或者提供服务的商业主

体。商家应具有与所提供商品或者服务相应的资质、许可，并亮证亮照经营。

第十三条 商家入驻网络直播营销平台时，应提供真实有效的主体身份、联系方式、相关行政许可等信息，信息若有变动，应及时更新并告知平台进行审核。

第十四条 商家销售的商品或者提供的服务应当合法，符合网络直播营销平台规则规定，不得销售、提供违法违禁商品、服务，不得侵害平台及任何第三方的合法权益。

第十五条 商家推销的商品或提供的服务应符合相关法律法规对商品质量和使用安全的要求，符合使用性能、宣称采用标准、允诺等，不存在危及人身或财产安全的不合理风险。

商家销售药品、医疗器械、保健食品、特殊医学用途配方食品等特殊商品时，应当依法取得相应的资质或行政许可。

第十六条 商家应当按照网络直播营销平台规则要求提供真实、合法、有效的商标注册证明、品牌特许经营证明、品牌销售授权证明等文件。

第十七条 商家发布的产品、服务信息，应当真实、科学、准确，不得进行虚假宣传、欺骗、误导消费者。涉及产品、服务标准的，应当与相关国家标准、行业团体标准相一致，保障消费者的知情权。

商家营销商品和服务的信息属于商业广告的，应当符合《中华人民共和国广告法》的各项规定。

第十八条 商家应当依法保障消费者合法权益，积极履行自身作出的承诺，依法提供退换货保障等售后服务。

商家与主播之间约定的责任分担内容和方式等，应当遵守法律、法规规定，遵循平台规则。

第三章 主 播

第十九条 主播是指在网络直播营销活动中与用户直接互动交流的人员。

第二十条 主播应当了解与网络直播营销相关的基本知识,掌握一定的专业技能,树立法律意识。

主播入驻网络直播营销平台,应提供真实有效的个人身份、联系方式等信息,信息若有变动,应及时更新并告知。

主播不得违反法律、法规和国家有关规定,将其注册账号转让或出借给他人使用。

第二十一条 主播入驻网络直播营销平台应当进行实名认证,前端呈现可以采用符合法律法规要求的昵称或者其他名称。

主播设定直播账户名称、使用的主播头像与直播间封面图应符合法律和国家有关规定,不得含有违法及不良有害信息。

第二十二条 主播的直播间及直播场所应当符合法律、法规和网络直播营销平台规则的要求,不得在下列场所进行直播:

(一)涉及国家及公共安全的场所;

(二)影响社会正常生产、生活秩序的场所;

(三)影响他人正常生活的场所。

直播间的设置、展示属于商业广告的,应当符合《中华人民共和国广告法》规定。

第二十三条 主播在直播营销中应坚持社会主义核心价值观,遵守社会公德,不得含有以下言行:

(一)带动用户低俗氛围,引导场内低俗互动;

(二)带有性暗示、性挑逗、低俗趣味的;

(三)攻击、诋毁、侮辱、谩骂、骚扰他人的;

(四)在直播活动中吸烟或者变相宣传烟草制品(含电子烟)的;

(五)内容荒诞惊悚,以及易导致他人模仿的危险动作;

(六)其他违反社会主义核心价值观和社会公德的行为。

第二十四条 主播发布的商品、服务内容与商品、服务链接应当保持一致,且实时有效。法律、法规规定需要明示的直接关系消费者生命安全的重要消费信息,应当对用户进行必要、清晰的消费提示。

第二十五条 主播在直播活动中,应当保证信息真实、合法,不得对商品和服务进行虚假宣传，欺骗、误导消费者。

第二十六条　主播在直播活动中做出的承诺，应当遵守法律法规，遵循平台规则，符合其与商家的约定，保障消费者合法权益。

主播应当遵守法律、法规，遵循平台规则，配合网络直播营销平台做好参与互动用户的言论规范管理。

第二十七条　主播在网络直播营销活动中不得损害商家、网络直播营销平台合法利益，不得以任何形式导流用户私下交易，或者从事其他谋取非法利益的行为。

第二十八条　主播向商家、网络直播营销平台等提供的营销数据应当真实，不得采取任何形式进行流量等数据造假，不得采取虚假购买和事后退货等方式骗取商家的佣金。

第二十九条　主播以机构名义进行直播活动的，主播机构应当对与自己签约的个人主播的网络直播营销行为负责。

第四章　网络直播营销平台

第三十条　网络直播营销平台是指在网络直播营销活动中提供直播技术服务的各类社会营销平台，包括电商平台、内容平台、社交平台等。

第三十一条　网络直播营销平台经营者应当依法经营，履行消费者权益保护、知识产权保护、网络安全与个人信息保护等方面的义务。

鼓励、支持网络直播营销平台经营者积极参与行业标准化、行业培训、行业发展质量评估等行业自律公共服务建设。

第三十二条　网络直播营销平台经营者应当要求入驻本平台的市场主体提交其真实身份或资质证明等信息，登记并建立档案。对商家、主播告知的变更信息，应当及时予以审核、变更。

第三十三条　网络直播营销平台经营者应当在以下方面建立、健全和执行平台规则：

（一）建立入驻主体服务协议与规则，明确网络直播营销行为规范、消费者权益保护、知识产权保护等方面的权利和义务；

（二）制定在本平台内禁止推销的商品或服务目录及相应规则；

（三）建立商家、主播信用评价奖惩等信用管理体系，强化商家、主播的合规守信意识；

（四）完善商品和服务交易信息保存制度，依法保存网络直播营销交易相关内容；

（五）完善平台间的争议处理衔接机制，依法为消费者做好信息支持，积极协助消费者维护合法权益；

（六）建立健全知识产权保护规则，完善知识产权投诉处理机制；

（七）建立便捷的投诉、举报机制，公开投诉、举报方式等信息，及时处理投诉、举报；

（八）有利于网络直播营销活动健康发展的其他规则。

第三十四条 网络直播营销平台经营者应当在以下方面加强服务规范，努力提高服务水平，促进行业健康发展：

（一）遵守法律法规，坚持正确导向；

（二）建立和执行各类平台规则；

（三）加强本平台直播营销内容生态审核和内容安全治理；

（四）规范主播准入和营销行为，加强对主播的教育培训及管理；

（五）明确本平台禁止的营销行为，及对违法、不良等营销信息的处置机制；

（六）依法配合有关部门的监督检查，提供必要的资料和数据。

第三十五条 电商平台类的网络直播营销平台经营者，应当加强对入驻本平台内的商家主体资质规范，督促商家依法公示营业执照、与其经营业务有关的行政许可等信息。

第三十六条 内容平台类的网络直播营销平台经营者应当加强对入驻本平台的商家、主播交易行为规范，防止主播采取链接跳转等方式，诱导用户进行线下交易。

第三十七条 社交平台类的网络直播营销平台经营者应当规范内部交易秩序，禁止主播诱导用户绕过合法交易程序在社交群组进行线下交易。

社交平台类的网络直播营销平台经营者，应当采取措施防范主播利用社交群组进行淫秽色情表演、传销、赌博、毒品交易等违法犯罪以及违反网络内容生态治理规定的行为。

第五章 其他参与者

第三十八条 网络直播营销主播服务机构，是指培育主播并为其开展网络直播营销活动提供服务的专门机构（如 MCN 机构等）。

网络直播营销主播服务机构应当依法取得相应经营主体资质，按照平台规则与网络直播营销活动主体签订协议，明确各方权利义务。

第三十九条 主播服务机构与网络直播营销平台开展合作，应确保本机构以及本机构签约主播向合作平台提交的主体资质材料、登陆账号信息等真实、有效。

主播服务机构应当建立健全内部管理规范，签约具备相应资质和能力的主播，并加强对签约主播的管理；开展对签约主播基本素质、现场应急能力的培训，提升签约主播的业务能力和规则意识；督导签约主播加强对法律、法规、规章和有关规定及标准规范等的学习。

主播服务机构应当与网络直播营销平台积极合作，落实合作协议与平台规则，对签约主播的内容发布进行事前规范、事中审核、违规行为事后及时处置，共同营造风清气正的网络直播营销活动内容生态。

第四十条 主播服务机构应当规范经营，不得出现下列行为：

（一）获取不正当利益，如向签约主播进行不正当收费等；

（二）未恰当履行与签约主播签署的合作协议，或因显失公平、附加不当条件等与签约主播产生纠纷，未妥善解决，造成恶劣影响；

（三）违背承诺，不守信经营，如擅自退出已承诺参与的平台活动等；

（四）扰乱网络直播营销活动秩序，如数据造假或作弊等；

（五）侵犯他人权益，如不当使用他人权利、泄露他人信息、骗取他人财物、骚扰他人等；

（六）故意或者疏于管理，导致实际参与网络直播营销活动的主播与该机构提交的主播账户身份信息不符。

第四十一条 用户是指使用互联网直播信息内容服务购买商品或者服务的组织或者个人，即网络直播服务的最终用户。

用户在参与网络直播互动时，应遵守国家法律法规和平台管理规范，文明互动、理性表达，不得利用直播平台发表不当言论，侵犯他人合法权益。

第六章　鼓励与监督

第四十二条　鼓励网络直播营销活动主体响应国家脱贫攻坚、乡村振兴等号召，积极开展公益直播。

公益直播应当依法保证商品和服务质量，保障消费者的合法权益。

公益直播应当遵纪守法，不得损害国家机关及其工作人员的名誉和形象。

第四十三条　中国广告协会将加强对本规范实施情况的监测和评估，向社会公示规范实施情况，鼓励自律自治。对违反本规范的，视情况进行提示劝诫、督促整改、公开批评，对涉嫌违法的，提请政府监管机关依法查处等，切实服务行业自律、服务行业维权、服务行业发展。

第四十四条　本规范自 2020 年 7 月 1 日起施行。

后 记

在仓促中完成《网络直播艺术导论》书稿，头脑中倏然冒出王羲之《兰亭集序》中所说的"俯仰之间，已为陈迹"。这部对我来说可谓殚精竭虑的著作，可能甫一出版就成为"陈迹"了，因为网络直播发展实在是太过迅猛。但是，我还是希望这部著作能够给快速发展的网络直播行业一些启示。要想让网络直播行业在未来得到健康良性发展，首先要为其寻找必要的理论依据，其次要为其注入鲜活的人文内涵，本书就是尝试做这样的努力。网络直播的艺术性是其立高行远的前提，也是本书的立论依据。

网络直播行业已经在网络江湖纵横五年有余，可谓"高龄"，但是对于学术界来说，依然是个新生事物，厚重的研究成果相对有限，这自然使得本书可参考的文献资料比较有限，增添了写作难度。不过，在多场网络直播的持续浸泡中，我还是获得了诸多心得体会。这本著作就是我心得体会的产物。在为网络直播鼓与呼的同时，为其做一些理论反思是值得的。持续浸泡之后的艰难闭关写作又持续了好几个月，这居然让我几乎错过了苏州美丽的春天，那二月的梅花，三月的樱花，四月的海棠花……当然，在写作中，网络直播作为新生事物给我带来的无限春光，又稍稍弥补了错过春天的遗憾。好在书稿完成之时，苏州尚处在春天的尾巴上，还依然那么美丽，真可谓"春常在"！我们更希望，走过五年历史的网络直播行业依然年轻，像苏州的春天一样充满活力。我们将持续关注它的发展。

感谢华东师范大学传播学院研究生任婷婷同学对本书写作的热烈响应和实际支持。书稿第七章"网络直播案例解析"就是在任婷婷撰写初稿的基础上改定的。当然，本人应为整个书稿质量担负全部责任。由于水平有限，书稿中有不少说法并不成熟，甚至可能会有错谬之处，祈望方家多多指正。我们并不完美，这样才可以更好地追求完美，这是我们前行的原动力。网络直播行业需要理论关注，更需要智力支持。希望本书能抛砖引玉，吸引更多的学者进一步探讨与之相关的问题。

　　书稿的写作自始至终得到了陈龙教授、杜志红教授的热情指导，苏州大学出版社陈兴昌总编、李寿春女士为我提供了宽松的写作环境，我当铭记于心。苏州大学传媒学院和苏州大学出版社为本书出版搭建了快捷平台，编辑耐心细致的工作为本书增色不少。特此致谢！

曾庆江
2021 年 4 月 30 日　苏州